纵横家的
策辩

欧阳彦之 ◎ 著

中国财富出版社

图书在版编目(CIP)数据

纵横家的策辩 / 欧阳彦之著.—北京:中国财富出版社,2016.8

ISBN 978-7-5047-6147-7

Ⅰ.①纵… Ⅱ.①欧… Ⅲ.①《鬼谷子》-应用-企业管理 Ⅳ.①F270

中国版本图书馆CIP数据核字(2016)第107965号

策划编辑	张彩霞	**责任编辑**	刘瑞彩		
责任印制	方朋远	**责任校对**	杨小静 张营营	**责任发行**	张红燕

出版发行	中国财富出版社	
社　　址	北京市丰台区南四环西路188号5区20楼　邮政编码　100070	
电　　话	010-52227568(发行部)　　010-52227588转307(总编室)	
	010-68589540(读者服务部)　　010-52227588转305(质检部)	
网　　址	http://www.cfpress.com.cn	
经　　销	新华书店	
印　　刷	北京柯蓝博泰印务有限公司	
书　　号	ISBN 978-7-5047-6147-7/F·2592	
开　　本	710mm×1000mm　1/16	版　次　2016年8月第1版
印　　张	16	印　次　2016年8月第1次印刷
字　　数	238千字	定　价　38.00元

前　言

　　鬼谷子，姓王名诩，又名王禅、王通，号玄微子，华夏族，春秋战国时期道家、兵家、纵横家的鼻祖，是中国历史上一位极具神秘色彩的人物，被誉为千古奇人，长于持身养性，精于心理揣摩，深明刚柔之势，通晓纵横捭阖之术，独具通天之智，常入云梦山采药修道。因隐居周阳城清溪之鬼谷，故自称鬼谷先生。

　　鬼谷子为纵横家之鼻祖（也是兵家的著名代表人物之一），苏秦与张仪为其最杰出的两个弟子（见《战国策》）。另有一说，孙膑与庞涓亦为其弟子（见《孙庞演义》）。他通天彻地，兼顾数家学问，人不能及。一是神学，日星象纬，占卜八卦，预算世故，十分精确；二是兵学，六韬三略，变化无穷，布阵行军，鬼神莫测；三是游学，广记多闻，明理度势，出口成章，万人难当；四是出世学，修身养性，祛病延寿，学究精深。

　　《鬼谷子》一书，一直为中国古代军事家、政治家和外交家所研究，现又成为当代商家的必备之书。它所揭示的智谋权术的各类表现形式，被广泛运用于内政、外交、战争、经贸以及公关等领域，其思想深受世人尊敬，享誉海内外。

　　相传，鬼谷子的师父升仙而去时，曾留下一卷竹简，简上书"天书"二字。打开看时，从头至尾竟无一字，鬼谷子一时心中纳闷。与师父相依为命九年时光，感情日笃，今日师父突然离去，一时觉得无着无落，心中空空荡荡，鬼谷子无心茶饭，钻进自己的洞室倒头便睡。可又如何睡得着？他辗转反侧，老是想着那卷无字的竹简，直折腾到黑，那竹简仍在眼前铺开卷起，卷起铺开，百思不得其解。鬼谷子索性爬将起来，点着松明火把，借着灯光一看，他吓得跳了起来，竹简上竟闪出道道金光，一行行蝌蚪文闪闪发光，鬼谷子叹道："莫非这就是世传'金书'！"

鬼谷子一时兴致倍增，一口气读将下去，从头至尾背之成诵。原来上面录着一部纵横家书，尽讲些捭阖、反应、内楗、抵巇、飞钳之术，共十四篇。

第一篇大意是说：与人辩论，要先抑制一下对方的势头，诱使对手反驳，以试探对方实力。有时可以信口开河，以让对方放松警惕，倾吐衷肠；有时可以专听对方陈说，以考察其诚意。要反驳别人，就要抓牢证据，而不让人抓到证据，就要滴水不漏。对付对手有时要开放，有时要封锁，能把放开与封锁灵活运用就可以滔滔不绝，变化多端。只有这样才可以说人，可以说家，可以说国，可以说天下。

第二篇大意是说：与人辩论，要运用反复的手法。反过去可以知其过去，复回来可知其现今。如果反反复复地试探，没有摸不到底细的。有时可以运用反辞来试探对手，要想听到声音就先沉默；要想张开，就先关闭；要想升高，就先下降；要想夺取，就先给予。

第三篇大意是说：要掌握进退的诀窍，这诀窍就是抓住君主的爱好，只要抓住了就可以随心所欲，独往独来。如能顺着君主的情绪去引导或提出建议，就能随机应变，说服君主。

第四篇大意是说：凡事都不是铁板一块，都是有裂痕的。在辩论中要能利用别人的裂痕，同时还要防止自己一方的裂痕。秋毫一样的裂痕，可以发展为泰山那样大。所以当裂痕小时要补住，大点时要切断，当大到不可收拾时就干脆将其打破，裂痕也就消灭了。

第五篇大意是说：与人雄辩要设法"套"出对方的意图，用飞扬之法"套"出对方的真话，再用"钳子"钳住，使其不得缩回，只好被牵着走。

这样就可纵可横，可南可北，可东可西，可反可复。

第六篇大意是说：要想说服他人，必先衡量一下自己的才能长短，比较优劣，自身才智不如他人，就不可能战胜他人。

第七篇大意是说：要游说天下人君，必须会揣测诸侯真情，当人极度兴奋时，就无法隐瞒真情；当人极度恐惧时，也无法隐瞒真情。在这时，才能有效地说服人。

第八篇大意是说：善于"摩意"的人就像钓鱼一样不动声色，让鱼自动上钩，"摩"的目的就是刺激对方，让他不由自主地上你的钩。把事情办成功，使人不知不觉。

第九篇大意是说：要游说人主，就要量天下之权，要比较各诸侯国的地形、谋略、财货、宾客、天时、安危，然后才能去游说。

第十篇大意是说：要做大事，就要有一个向导，就像指南针一样，游说的向导是谋略，要先策划好，再按着策划的目的去游说。

第十一篇大意是说：游说要先解疑，解疑的好办法是让对方道出实情。

第十二篇大意是说：耳朵要善于听，眼睛要善于看。用天下之耳听，则无不闻；以天下之目看，则无不明；以天下之心虑，则无不知。只有对事情了如指掌，才能言无不验，言无不听。

第十三篇大意是说：游说要靠巧辞，要对什么人说什么话，说什么话就要采用什么办法和说辞。不要简单直言，要研究讲话的对象，讲究讲话的技巧。

......

《鬼谷子》讲述了作为"弱者"的一无所有的纵横家们，如何运用智谋和口才进行游说，进而控制作为强者的有生杀特权的诸侯国君主。

《鬼谷子》这部谋略学巨著是中国传统文化中的奇葩。它集中了国人心理揣摩、演说技巧、政治谋略的精华，是当代政界人士、企业界人士、商业经营者、管理人员、公关人必读之书。

《鬼谷子》是谋略权术、神机妙算的百变圣经。在今天这个风云变幻、商战频仍的时代，它依然具有非常现实的意义，在经商以及处理人与人之间的关系等方面具有广泛的指导作用。

比如，"知之始己，自知而后知人也。"要想知道别人，首先要了解自己，了解自己就能够了解别人。

比如，"无穷者必有圣人之心。"要有无穷的智慧和谋略，必须具有圣人博大的胸怀。

比如，"经起秋毫之末，挥之于太山之本。"一件小事才出现的时候只是一个小的苗头，但后来可能变成泰山当中的那棵参天大树，要见微知著。

比如，"胜于不争不费。"如何不动一刀一枪、一兵一卒，没有什么花费就能取得卓越的成功。

……

《鬼谷子》的核心思想是"潜谋于无形，常胜于不争不费"，注重的是辩证、实际、实战的方法。

本书以古代的政治、军事斗争案例和商用案例为切入点，深入剖析《鬼谷子》的智慧谋略，本着批判继承的原则，去其阿谀奉承等封建糟粕，汲取其中善于处理人际关系的精华；去其弄权斗术等封建糟粕，汲取谋略方法的精华。本书具有极完整的领导统御、智谋策略学体系。在今天商战竞争日益激烈的经济时代，鬼谷子的思想、智慧和奇谋韬略，在经营、管理、公关等方面仍极具广泛的指导意义。

目 录

鬼谷子认为，万物皆在变化中，变化才有发展，正所谓"世无常贵，事无常师"。因此，做人办事要灵活应变，以发展为终极目标，而不拘泥于固有的观念。

鬼谷子认为，有效的忤合智谋必须具备前提条件，即知己知彼，方能游刃有余，纵横捭阖。善于运用忤合之术的人，首先要确定有前途的人作为自己辅佐的对象，自己还必须有超人的智慧、高尚的品德、过人的胆识，而且还要有自知之明。只有这样的人，才能纵横天下，进退自如。

第三章　正确的选择胜过一百次努力 ···················· **47**

很多时候，成功其实就像攀附铁索，失败的原因不是因为力量单薄，而是因为找错了支撑点，是错误的支撑点把人推入了失败的深渊。鬼谷子强调"良禽择木而栖，良臣择主而事"，人要学会选择，善于选择，只有不断选择才能跟上生活的脚步，才能实现更多的目标。

第四章　隐匿深藏，才能克敌制胜 ························ **71**

鬼谷子认为，"谋"术有两个重要原则，一是要立足实际，即所谓"谋生于事"，因此在计谋之前，必须详细掌握事情的真相和规则，并处理好奇与正的关系；二是要行事隐蔽，即所谓"圣人之道，在隐与匿"。智者用计无不追求隐而不露，只有愚人才会将所谋之事大肆张扬。

第五章　处变不惊，方能理智决策 …………………… **97**

　　　　事物的发展有它自身的历史和规律，鬼谷子认为，实施决策时应"度以往事，验之来事，参之平素"，借鉴往事，研究现状，预测未来。决策者只有慎重考虑这一规律，才能正确决断。

第六章　不要忽略任何一个细节 ················· **121**

鬼谷子所说的"谋之深"就是见微知著，迅速做出反应和对策。生活中，我们只有具备超常的洞察力，见微知著，迅速做出正确的反应，才能攻必取，战必胜。

第七章　察言观色，识人辨才 ················· **141**

鬼谷子认为，我们说话、办事都要因人而异。只有全面而深刻地了解别人，才能"无为以牧之"，更好地实现"求其利"的目标。

第八章 **领导者的素养决定成就** ……………………… **167**

气质神采、敏捷思维、才学胆识、钢铁意志、通达事理、多谋善断等，这些是领导者必须具备的基本素养。怎样才能拥有这些素养？鬼谷子用了《本经阴符七术》七篇文章来阐述。

第九章 **三寸之舌，强于百万之师** ………………… **193**

一代谋略大师鬼谷子十分重视语言的功效，并且已经认识到，语言是人思想的外衣，语言的功能在于修饰人的思想，语言是思维的一面镜子，是思想的物质外壳，是人类智慧发展的产物。"言为心声"，一个人的才华和风度最主要的是通过这个人的言谈举止体现出来的。

第十章　剑走偏锋，多姿多彩的成功策略 …………………… **219**

鬼谷子用大量事实告诉我们，真正的成功者不仅是"勤于思，敏于行"的人，而且还是深谙人生之"道"、事业之"道"的人。这个"道"，就是规律。成功没有固定的模式，但是成功有着很多相同的规律。

第一章

灵活应变，先掌握规律再做事

【原文】

粤若稽古，圣人之在天地间也，为众生之先。观阴阳之开阖以命物，知存亡之门户，筹策万类之始终，达人心之理，见变化之朕焉，而守司其门户。故圣人之在天下也，自古及今，其道一也。

【译文】

纵观上古以来的历史，可以看出，圣人之所以生存在世界上，就是要以先知先觉的导师的姿态指导芸芸众生。通过观察阴阳、分合等自然现象的变化，对世间万事万物的变化进行辨别，并进一步了解和掌握事物的本质属性；从而推算和预测事物的发展过程，及时通晓人们内心变化的规律；以便及时发现事物发展变化的征兆，从而把握和利用事物发展变化的关键，以求因势利导。所以圣人生存在天地之间，从古至今，其立身处世之道是统一在阴阳变化之中的，遵循的规律都是一样的。

【本章提要】

从古至今，圣人总是众人的先导。他们通过阴阳的变化来判断事物，了解其生死的途径、发生和结束的过程，并且洞察人心，揭示世间万物变化的征兆，从而把握其中的变化规律。

所以，鬼谷子开篇就对我们讲，你想成为圣人吗？那就先掌握规律，再去做事；先看到全局，再考虑局部；先搞清为什么，再去想怎么做。

鬼谷子认为，万物皆在变化中，变化才有发展，正所谓"世无常贵，事无常师"。因此，做人办事要灵活应变，以发展为终极目标，而不拘泥于固有的观念。

1. 抓住机遇，远离优柔寡断

每个人都追求成功，但真正能成功的只是少数。有人觉得疑惑，自己的勤奋程度不亚于那些成功人士，为什么至今未能成功？那答案很可能是这样一个词——机会。善于把握机会，是成功人士必备的素质之一，这就是鬼谷子所说的"因事物之会"。

战国末期，秦将李信率二十万军队攻打楚国。开始时，秦军连克数城，锐不可当。不久，李信中了楚将项燕伏兵之计，狼狈而逃，秦军损失数万。后来，秦王又起用老将王翦。王翦率领六十万军队，陈兵于楚国边境。王翦专心修筑城池，摆出一派坚壁固守的姿态，两军相持年余。一年后，楚军绷紧的弦早已松懈，将士已无斗志，他们认为秦军的确防守自保，于是决定东撤。王翦见时机已到，下令追击正在撤退的楚军。秦军将士人人如猛虎下山，只杀得楚军溃不成军。秦军乘胜追击，势不可当。公元前223年，秦灭楚。

王翦之胜，就在于抓住了最佳的进攻时机，一战而胜。而李信之败，主要归因于他不识战机，一味进攻，结果导致功亏一篑，使诸多努力付诸东流。

沧海横流方显英雄本色，但要看准时机，伺机而动，在适当的时候才可大有作为。时机不成熟，就需要修身养性，但此时可从一些小事做起，以积聚力量，千万不可操之过急。一旦时机到来，就一定要牢牢把握，付诸行动，争取用较小的代价赢得胜利。

现在，社会上最受欢迎的是那些有巨大创造力并有非凡经营能力的人。有些人只知道按部就班地听从别人的吩咐，去做一些已经安排妥当的事情，而且凡事都要有人详细地指示。唯有那些有主张、有独创性、肯研究问题、善于经营管理的人才是人类的希望，也正是这种人，充当了人类的开路先锋，促进了人类的进步。

很多人，在做事之前明明已经详细计划好，各方面也都考虑周全，但仍然前怕狼后怕虎，不敢行动，左右思量，不能决断。最后，脑子里的念头越来越多，对自己也越来越没有信心。最终精力耗散，陷入完全失败的境地。

一个渴望成功的青年人，一定要有一种坚决的意志，一定不可染上优柔寡断、迟疑不决的恶习。在工作之前，必须要确定自己已经打定主意，即使遇到任何困难与阻力，即使出现一些错误，也不要有怀疑的念头，更不能撒腿就走。我们在处理事情时，应该事先仔细地分析思考，对事情本身和环境作一个正确的判断，然后再做出决定。一旦决定了，就不能再对事情和决定有任何怀疑和顾虑，也不要管别人怎么说，只要全力以赴去做就可以了。做事的过程中难免会有纰漏，但不能因此心灰意懒，应该把困难当教训、把挫折当经验，要自信以后会顺利些，这样成功的希望就会更大。在做出决定后，如果还心存疑虑、反复思量，无异于把自己推入一片无可救药的沼泽中，最终只好在痛苦和懊恼中结束自己的一生。

这里有一个让人深思的故事：

某地发生水灾，整个乡村都难逃厄运，村民们纷纷逃生。一位上帝的虔诚信徒爬到了屋顶，等待上帝的拯救。

不久，大水漫过屋顶，刚好有一只木舟经过，舟上的人要带他逃生。这位信徒胸有成竹地说："不用啦，上帝会救我的！"于是木舟离他而去。片刻之间，河水已没过他的膝盖。

刚巧，有一艘汽艇经过，来拯救尚未逃生者。这位信徒却说："不必啦，上帝一定会救我的。"汽艇只好到别的地方救其他的人。

几分钟后，洪水高涨，已到了信徒的肩膀。这个时候，一架直升机放下软梯来救他。信徒死也不肯上飞机，说："别担心我啦，上帝会救我的！"直升机也只好离去。

最后，水继续高涨，这位信徒被淹死了。

死后，信徒升上天堂，遇见了上帝。他大骂："平日我诚心祈祷您，您却见死不救，算我瞎了眼啦。"

上帝听后叫了起来："你还要我怎样？我已经给你派去了两条船和一架飞机！"

一个头脑清晰、判断力很强的人，一定会有自己坚定的主张，他们绝不会糊里糊涂，更不会投机取巧，他们不会永远处于徘徊当中，更不会一遇挫折便赌气退回，使自己的事业前功尽弃。只要做出决定，他们一定一往无前地去执行。

英国的基钦纳将军就是一个很好的典型。这位沉默寡言、态度严肃的军人威猛如狮、出师必捷，他一旦制订好计划，确定了作战方案，就绝不会再三心二意地去与人讨论、向人咨询。在著名的南非之战中，基钦纳将军率领他的驻军出发时，除了他和他的参谋长外谁也不知道要开赴哪里。他只下令，要预备一辆火车、一队卫士及一批士兵。此外，基钦纳不动声色，甚至没有电报通知沿线各地。战争开始后，有一天早晨六点钟，他突然出现在卡波城的一家旅馆里，他打开这家旅馆的旅客名单，发现了几个本该在值夜班的军官的名字。他走进那些违反军纪的军官的房间，一言不发地递给他们一张纸条，上面是他的命令："今天上午十点，专车赴前线；下午四点，乘船返回伦敦。"基钦纳不管军官们的解释和辩白，更不听他们的求饶，只用这样一张小纸条，就给所有的军官下了一个警告，杀一做百。

基钦纳将军有无比坚定的意志，同时又异常镇静，做任何事从来胸有成竹，凡事都能冷静而有计划地去做，这样就事事马到成功。

机会只敲一次门，成功者应该善于当机立断，抓住机会，充分施展才能。切记要正视自我的不足，纠正优柔寡断的短板，抛弃那种迟疑不决、左右思想的不良习惯，只有这样才能最终获得成功，得到命运的垂青。

2. 未雨绸缪，而不是临渴掘井

有一则众所周知的寓言，说一只狐狸饿得肚子直叫，忽然，它发现一个葡萄架，架上挂满了一串串水灵灵的葡萄。狐狸馋得直流口水，想去摘葡萄。它上蹿下跳，忙活了半天，就是够不着。狐狸急得在葡萄架下转来转去，却毫无办法，最后只能无奈地走了。狐狸边走还边安慰自己："这些葡萄还没有熟呢，一定是酸的。幸好我没吃，要不会把牙酸掉的。"

现实生活中，也有不少人因为自己能力小，做不成事，就借口说时机没有成熟，这与吃不到葡萄就说葡萄酸的狐狸没什么两样。机会来了，却没有能力去把握。等自己有能力时，机会却又白白地溜走了。在许多人的一生中，都曾有过这样的遗憾。而避免这种遗憾的唯一方法，就是要提前做好准备，未雨绸缪，而不是临渴掘井。

春秋时期，鲁昭公亲小人、远贤臣，把国家治理得一塌糊涂，遭到国人的驱逐，只好出走到齐国。鲁昭公与齐景公交谈时，对没有采纳忠言后悔不已。齐景公看他诚心悔过，就劝说晏子，让他帮助昭公回国，使他成为一位贤明的国君。晏子说："昭公因为面临灾难，所以能够说出悔改的话。这就好比'临渴掘井'，已经来不及了。"齐景公连连点头，认为他的话很有道理。

对任何事，都应该预先做好准备，假如事到临头，才开始考虑解决的办法，就会像鲁昭公那样，怎么悔过都没有用了。

一个缺乏准备的人一定是一个差错不断的人，纵然具有超强的能力，千载难逢的机会，也不能保证获得成功。

一个年轻的猎人带着充足的弹药和擦得锃亮的猎枪去寻找猎物。老猎手们都劝他提前把弹药装在枪筒里，但他不接受，依旧带着空枪出发了。

"废话！"他嚷道，"我到达那里需要一个钟头，哪怕我要装100回子弹，也有的是时间。"

仿佛命运女神在嘲笑他的想法似的，他还没有走过开垦地，就发现一大群野鸭密密地浮在水面上。以往遇到这种情况，猎人们一枪就能打中六七只，够他们吃上一个礼拜的。可如今，等年轻的猎人匆匆忙忙装上子弹时，野鸭发出一声鸣叫，一齐飞了起来，很快就飞得无影无踪了。

年轻的猎人徒然穿过曲折狭窄的小径，在树林里奔跑搜索，树林里荒凉得很，他连一只麻雀也没有见到。

真糟糕，一桩不幸连着另一桩不幸。只听霹雳一声，大雨倾盆。年轻的猎人浑身上下都是雨水，袋子里空空如也，他只好拖着疲乏的脚步回家去了。

在看到猎物的时候才去装弹药，连作为一名猎手最起码的准备工作都没有做好，当然不可能有什么收获了。

没错，准备才是成功的保证！

所以，只有充分地准备才能保证工作得以完成，而且做起来更容易；相反，没有准备的工作是毫无头绪的，也无法判断结果，当然会留下许多漏洞和隐患，失败也就不可避免了。

3. 积极变革才能生存

鬼谷子是主张积极变革的，他认为，当出现了"天下分错，上无明主，公侯无道德"的现象时，就表明社会出现了问题，需要一场变革来加以整顿。革旧迎新是历史发展的必然趋势，这是个人意愿改变不了的。

当然，变革旧的事物，绝不是什么轻而易举的事情，需要一段时间的准备，才能逐渐被人们理解、接受。

变革是一个循序渐进的过程，它不能一蹴而就，更不是靠一股热情就能奏效的，需要分步骤分阶段地进行，需要经过反复研究。天时地利人和都有了，需要顺势而行，避免盲目行事。变革是非常严肃的事情，需要热情，更需要冷静；需要勇敢，更需要智谋。盲目采取行动会有凶险，说明此时宜审慎稳进，不宜贸然行动。对变革的舆论，必须经过反复多次的研究探讨，进行审慎周密的考虑安排，证明变革确实合理可行，没有什么问题。同时，还要能够得到人们的理解与信任，只有到了这个时候，才可以大刀阔斧地进行变革。

一方面，如果在不该变革的时候贸然变革，就有点激进和冒险了，其效果往往会适得其反。变革失败不只是失败本身的问题，有时还会造成其他影响，比如变革失败就有可能再也不允许变革了。另一方面，若到了该变革的时候还不变革，就会错失良机，贻误大事。

变革成功之后，还要小心翼翼地维护变革的成果。历朝历代，在经济与政治改革获得一定的成功之后，就一再强调要稳定，稳定压倒一切，这样的目的只有一个，就是维护变革后的成果。天下之事，变革之前，主要的问题是变革；而变革一旦成功，主要的问题就在于守成了。此时要好好地巩固变革的胜利成果，持守正道，以使老百姓逐渐享受到变革的利益，使他们由革面而发展到革心。如果此时不安守既有成果，又思变革，势必会过犹不及，导致凶险。

法国大革命时期，雅各宾派的恐怖政策作为一种"战时体制"，可以说是在法国内忧外患空前严重的情况下被迫采取的措施，它暂时牺牲资产阶级的某些利益，满足了群众的某些要求，在挽救共和国和拯救革命方面起了积极作用。但是，当危机过后，雅各宾派仍然采用这种政策，而不去巩固已有成果，使得大资产阶级开始反对他们，人民也开始反对恐怖政策，雅各宾派逐渐趋于孤立。在各种因素的综合下，罗伯斯庇尔及雅各宾派的许多成员最终都被送上了断头台。

西汉武帝时，著名的经学大师董仲舒在朝廷担任博士，深受汉武帝的重用。当时，汉武帝请学者们对治国之道提出建议，董仲舒借机发表了一番很有名的言论，他说："汉朝继秦而立，秦朝的旧制度都不适用了。好比琴上的弦已经陈旧不堪，只有更换新的弦，才能继续弹奏。同样，社会也需要改革。琴弦该换而不换，就是最好的音乐家也弹不出优美的曲子来。应当改革而不改，就是最贤明的政治家，也不能创造令人满意的政绩。"汉武帝对他的这番见解表示赞同，这才有了所谓的"罢黜百家，独尊儒术"。

世界旅馆业巨头威尔逊为了把自己的旅馆建成第一流的旅馆，第一次在房间里使用了空调、电视，还为孩子们设计了游泳池，增加了照顾孩子的服务项目，为了方便携带小狗的旅客居住，他们甚至设计了免费狗屋。所有这些，在当时都是闻所未闻的。因此，别人的旅馆冷冷清清，而他的旅馆却总是挤得满满当当。

威尔逊旅馆的成功之处，就在于突破了当时一般的经营策略，勇敢地采用最新、最先进的设备，有针对性地设计项目，拥有了别人无法企及的特点和优势。反之，若一味固守老传统、老经验，就会掐断财富的幼芽。"当此之时，能抵为右"，可以看作是鬼谷子对现代人的忠告。

在这个竞争日益激烈的时代，唯有积极变革的企业才能生存，才能在市场竞争中站稳脚跟，走出新的道路，迈上财富的康庄大道。

4. 掌握随机应变的"艺术"

鬼谷子讲："世无常贵，事无常师，圣人常为无不为，所听无不听。"环境、时势、事态、生活以及人本身，世间一切事物都是不断变化的。所以，我们制订的计划、方针也必须随着情况的变化而变化。"见机行事"的实质就是在客观条件不断变化的情况下，能够随着时间、地点和机会的变化而灵活地做出不同的选择。

没有人爬山只为爬到山腰，也没有人一辈子甘于平庸。只有不畏艰险攀登的采药者，才能登上高峰采得仙草；只有不怕巨浪的弄潮儿，才能深入水底觅得珍珠。"鸟靠翅膀兽靠腿，人靠智慧鱼靠尾。"机智是随着智慧而来的。荀子云："举措应变而不穷。"能够随着时势、事态的变化发展而从容应对，是一个人立身处世、建功立业不可缺少的本领。对个人而言，随机应变更是有着极其重要的意义，可以变被动为主动，化不利为有利，取得出奇制胜、化险为夷的效果。

解缙是明朝一位非常有名的才子。他任翰林学士时，明成祖朱棣钦点他主编《永乐大典》，解缙得以侍奉于皇帝左右。但朱棣经常出一些难题考他。一次，朱棣说："爱卿，寡人有位后妃夜里生了个孩子，你替朕作一首诗吧。"解缙立即吟道："吾皇昨夜降金龙。"朱棣道："是个公主，不是皇子。"解缙马上改吟："化作嫦娥下九重。"朱棣道："可惜已经死了。"解缙接口道："料是人间留不住。"朱棣道："已命太监抛入金水河里去了。"解缙续吟道："翻身跳入水晶宫。"朱棣听了哈哈大笑道："爱卿真是随机应变的奇才啊！"

《三国演义》中表现随机应变的例子很多，这些故事无不闪烁着智慧之光。随机应变中的"机"和"变"是多种多样、千姿百态、无律可循的。"机"可以是天时、地利、人和。"变"是随"机"而变，可以是顺水推舟、草船借箭、迎难而上、寻找最佳时机，"变"的运用之妙全在于心。随机应变是才智、胆略的快速反应和临场发挥。

常常有人抱怨，我想创一番自己的事业，却没有合适的主攻方向，缺乏必要的资金力量，更幻想能得贵人相助。其实，庞大的资源就在身边，那就是无数的"人"。只要善于把握、培植你的人脉，就能聚集人气，进而培养人望，有了这样的臂助，资金、技术、渠道还不是唾手可得，何愁大事不成？

明代刘基曾在《郁离子》中讲过"蜀市三贾"的故事。四川有三个商人：张甲、王乙、李丙，分别开了三间药铺。张甲的药铺专门经销名贵药材，价格昂贵，他的顾客只能是达官显贵、豪门富商之家，所以张甲的药铺常常是"门前冷落车马稀"，他也只能艰难度日，最后血本无归，赔得一塌糊涂。王乙的铺子既经营贵重药材，也经销一般药材，价格适中，生意还算可以。李丙的药铺则随行就市，各种价格的药材都有，凡是平民百姓所需要的药材全有，所以李丙的药铺生意十分兴隆，很快李丙就成为了一个富翁。三个商人，三种不同的经营方式，其结果相差甚远。

行为科学研究提示，工作中人与人之间较好相处，这或许是因为工作上的人际关系较有规律。而在社会上，人与人之间的关系则是断断续续的，比较紧张，而且也较少有规律可循。若没有随机应变的能力，很容易使自己陷入困境。

市场竞争是一场没有硝烟的战争，"商情"更是瞬息万变。面对诸如经营环境的突然恶化、经营环节的突然中断、谈判桌前刁钻问题的提问等突发状况，必须学会随机应变，在极短的时间内想出应对之策。如果在面对复杂多变的环境时，还能应付自如、游刃有余，就有可能化险为夷，甚至变坏事为好事，变被动为主动，成为走向成功的契机，达到最佳效果，反之则有可能走向平庸，甚至失败。要想成功，就要有面对不同的人和环境、克服困难、适应新环境等能力。面对具有挑战性的环境，最好的方法就是随机应变，机智应对。在商战中，随着市场的行情，采取灵活多变的运作方式是经营者取得成功的一个保证。

举世闻名的希腊船王奥纳西斯，在20世纪20年代曾经经营烟草生意，正当他的事业平稳发展之际，1929年的经济危机像无情的风暴，把他和许多人的一切吞噬殆尽。在许多人相信世界末日为期不远的大混乱中，奥纳西斯却看到了危机后的复苏。他断定：谁要是趁今天的机会买进便宜货，到明天就可以几倍的高价把它们抛出。但是，他购买的不是其他公司的股票，也不是破产企业的不动产，更不是许多人抢购的黄金，而是被人们看作最不景气的航海业的工具——轮船。第二次世界大战的爆发赐给了他神奇的机会，他的六艘船一夜之间成了"浮动金矿"，载着他驶向成功的彼岸。

随机应变是一门艺术，虽然奥妙无穷，但也并不像九霄云烟，可望而不可即。它来自于一个人的知识积累、人情世故的练达。超凡脱俗的洞察判断能力是经过长期的生活和工作锤炼而成的。随机应变的能力对身处领导阶层的企业管理者或商人来说，尤其重要。

鬼谷子讲："凡趋合倍反，计有适合。化转环属，各有形势。反覆相求，因事为制。"当面对突发事件，意想不到的提问，别人布置的陷阱，令人难堪的境地，出乎意料的情况等，谁能具有敏锐的反应能力，也就意味着谁有可能获得重大成功。

5. 目标明确，万变不离其宗

鬼谷子说，圣人能够取得成功，有五种途径：有的依靠公开的仁德；有的依靠暗中的计谋；有的依靠诚实信义；有的依靠谦卑隐匿；有的依靠平素积累。为人决疑，要分清是阳谋还是阴谋。为阳谋决疑贵在说一不二，为阴谋决疑贵在留有余地。为人决疑，还要善于抓住平素和关键两种时刻。将阳谋、阴谋、平素、关键四者有机结合，而后可以细致地进行决疑。

在这里，鬼谷子列举的"阳谋、阴谋、信诚、敝匿、平素"，其实代表了五种战略。意思是说，在制定决策的时候，必须要服从于整体战略。用战略的眼光去看待问题，才能做出正确的决断。

一个年轻人向一个富翁请教成功之道，富翁拿出三块大小不一的西瓜放在年轻人面前，说："如果每块西瓜代表一定程度的利益，你选哪块？""当然是最大的那块！"年轻人毫不犹豫地回答。富翁一笑："那好，请吧！"他把最大的那块西瓜递给年轻人，自己却拿了最小的那块。很快，富翁吃完了，随后从容地拿起桌上最后一块西瓜，得意地在年轻人眼前晃了晃，然后大口大口吃起来。年轻人马上明白了富翁的意思：他吃的西瓜虽不比自己的大，却比自己吃得多。如果每块西瓜代表一定的利益，那么富翁得到了更大的利益。

　　年轻人所做的决定，表面看起来占了便宜，实际上恰恰相反。他的错误在于只顾眼前的蝇头小利，而没有用战略性的眼光来审视面前的机会。

　　大量的历史事实也向我们表明，在决策时能否坚持自己的既定战略，这是事业成败的关键。

　　战国末期，七雄争霸。秦国经商鞅变法后，势力发展最快。秦昭襄王图谋吞并六国，独霸中原。公元前270年，秦昭襄王准备兴兵伐齐。此时，谋士范雎向昭襄王献"远交近攻"之策，阻秦国攻齐。他说："齐国势力强大，离秦国又很远，攻打齐国，部队要经过韩、魏两国。军队派少了，难以取胜；军队派多了，即便打胜也无法占有齐国土地。不如先攻打邻国韩、魏，逐步推进。"秦昭襄王采纳了范雎的意见，推行"远交近攻"之策，为秦国以后统一中原奠定了基础。秦始皇征战十年，先后灭掉韩、赵、魏、楚、燕、齐六国，终于实现了统一中国的愿望。"远交近攻"之策起到了无可替代的作用。

　　汉高祖刘邦平定天下后，在建都的问题上一度犹豫不决。他的大臣多是洛阳周边人，因此倾向于建都洛阳。齐人娄敬一次路过洛阳，请求觐见汉高祖，得到召见。娄敬问刘邦："陛下建都洛阳，莫非要跟周朝比比谁更兴盛吗？"刘邦说："是的。"娄敬说："周朝建都洛阳，是靠德政感召人民，而放弃了险要的地形。周朝鼎盛时期，四方归附，万民臣服，然而衰败以后就不能控制天下，不是恩德太少，而是形势太弱。"刘邦听了微微点头，娄敬接着说："陛下自沛县起事以来，大战七十次，小战四十次，横尸遍野，与西周兴盛时的恩德不能同日而语。而秦地有高山被覆，黄河环绕，四面边塞可作坚固的防线，即使危机出现，尚有百万雄兵可备一战。借着秦国原来经营的底子，再加上肥沃的土地，可说是形势险要、物产丰饶的'天府'之地。如果陛下进入函谷关内建都，控制秦国原有的地区，就是掐住了天下的咽喉。"听了娄敬的话，刘邦觉得很有道理。后来，张良也阐明了入关建都的利处，打消了刘邦的最后一点疑虑。建都关中后，刘邦感慨道："最早主张建都在秦地的是娄敬啊。"于是赐娄敬刘姓，给他加官晋爵。

那些主张建都洛阳的大臣们，为了一己私利，将国家的安危和兴衰置之不顾。而娄敬从实际情况出发，提出定都关中的想法，其人不仅有远见卓识，而且直言敢谏，是"建万世之安"的国之大计。

俗话说："站得高，看得远。"要想持续地获得成功，必须更上一层楼，以战略性的眼光来俯瞰社会与人生。鬼谷子教导我们说，在掌握兴亡之道的基础上，我们应该树立正确的目标，充分认清自己的能力，采取灵活多变的处世之道。

我们从小就听过"八仙过海"的故事：八仙为赶赴王母娘娘的蟠桃会，途中遇到了浩瀚的大海。这时，八仙的目标只有一个，就是要到达大海的彼岸。为此，每位仙人都施展自己的绝技，借助不同的器物渡过大海，让人眼花缭乱。

"八仙过海，各显神通"说明了做事方法的多样性，但俗话说得好，"万变不离其宗"。归根结底，方法和手段都是为目标服务的。只有目标正确，方法和手段才有价值，否则它们就是无源之水、无本之木了。

战国时期，各诸侯国互相攻杀，争当霸主。后期，一度称雄天下的魏国国力渐衰，但国君魏安釐王仍企图出兵攻伐赵国。魏国大臣季梁本已奉命出使邻邦，得知这个消息，立刻半途折回，他连衣帽都来不及整理，就赶紧去劝阻魏安釐王。季梁对魏安釐王说："我这次在路上遇到一件很奇怪的事情。"魏安釐王就问他是什么事。季梁说："我在路上遇见一个人，正急匆匆地赶路。有个路人问他去哪里，他回答说去楚国。路人告诉他说："到楚国去应往南走，你这是在往北走，方向错了，赶紧往回走吧。'那人却满不在乎，说他带了很多盘缠，雇了上好的车，驾的是骏马，车夫的驾车技术也很精湛。路人无奈，只好眼睁睁看他走远了。"故事讲完，季梁对魏安釐王说，"现在大王想要称霸中原，一举一动都应取信于天下，这样才能树立权威；如果仗着自己国大兵多，用武力攻打邻邦，就不能建立威信，而且离您的理想也会越来越远。正像要到南方去的那个人驾着车子往北走一样！"魏安釐王听后，认为他说得有理，于是就取消了攻打赵国的计划。

在中国，这个"南辕北辙"的典故可谓是人人皆知，其道理十分浅显：无论做什么事，首先都要认清形势、看准方向。如果大方向是错的，再努力也是白费功夫，反而会离最初的目标越来越远。然而大多数人读到这个故事，都只是一笑了之。在人们看来，世界上根本不存在这样的傻瓜。的确，"南辕北辙"反映的是一种极端的情况，那就是目标与方法完全背道而驰。而在现实生活中，我们遇到更多的情形是做事方法不对头，在达到目标之后，才发现自己走了很多弯路。

如何才能少走弯路呢？这要求我们在做任何事情之前，都要对目标和方法加以考察和分析，既不能人云亦云，也不能拘泥于前人的经验。我们要学会创造，用真正属于自己的方法去实现目标。当然，有时针对同一目标的正确方法有很多种，都能达到"殊途同归"的效果。但我们要善于找到一个最佳方法，只有这样才能更省时、更省力地实现目标。

以军事上的战略战术为例。"兵圣"孙武强调，善于指挥战争的人，降服敌人的军队不是通过战场厮杀的方式，夺取敌人的城池不用强攻的手段，毁灭敌人的国家也不需要旷日持久的征战讨伐。他们务求用完整全面的胜利而争雄于天下。这样，自己的军队不至于疲顿折损，而胜利也已圆满完整地获得。在孙武看来，"不战而屈人之兵"便是赢得战争的最佳方式。

　　无论是在国家的政治、军事、经济、外交等领域里，还是个人的求学、创业、致富的过程中，目标与方法的统一都是首要的问题。这个问题解决得好，便能为成功打下良好的基础。否则，就可能走很多弯路，甚至功败垂成。解决这个问题并非易事，需要具备远见卓识。然而，天下没有生来就具有远见卓识的人，都需要依靠后天的刻苦磨炼。《中庸》里说："他人知道一件事，自己要知道一百件；他人了解十件事，自己要了解一千件。"意思是说，人要勉励自己多下苦功，正所谓"功到自然成"。

　　对于成功人士来说，他们在迈向成功的道路上，大都绞尽脑汁，思考各种方法，而且不会轻易放过任何机会。

　　美国人哈德林25岁的时候，还只是一名穷困的失业青年，但他梦想成为一位大富翁。于是，他尽可能地了解有关投资和不动产的知识，暗暗为自己定下目标：在30岁时成为百万富翁。有一次，哈德林从一位房地产中间商的口中得知，有一个人急于以14500美元的价格卖掉自己的房子。哈德林立即行动，他了解到这所房子坐落于中产阶级住宅区，房子状况极佳，属一流建筑。于是找到房主，商谈购房事宜，经过讨价还价，双方以1万美元的价格成交。当时，哈德林的银行存款不足500美元，但他不肯就此放弃。他和房主签完约后，返身直奔银行，以借款的方式得到了1万美元，付给了房主。接着，哈德林又来到另一家银行，以新购的房产为抵押，贷款1万美元还清了第一笔银行的借款。没过几年，他的承租人帮他还清了第二家银行的贷款。就这样，在致富这一目标的驱使下，哈德林开动大脑，巧妙周旋，很快成为了百万富翁。

　　人们都期盼自己能获得成功，然而自身却缺乏必要的才能谋略。如果真能向那些事业有成之士学习，苦思用之于世的方法，并亲身加以实践，当自己获得超强能力的时候，还用得着担心不为世人所知，不能实现梦想吗？

6. 善于借鉴，少走弯路

鬼谷子讲："近而不可见者，不察其辞也；远而可知者，反往以验来也。"今天是昨天的未来，今天又是明天的昨天。谁希望获得新的未来，谁就不能定格在转瞬即逝的今天；谁希望有沉甸甸的历史，谁就不能没有金灿灿的今天。

"读史使人明智"，它可以让我们察古观今，以为镜鉴，不至于重蹈前人覆辙。失去过去就没有历史，没有历史就失去身份的认同感，而没有现在就失去存在，没有将来则意味着失去期望。中国是一个历史极其悠久的国家，在漫长的封建社会里，改朝换代、你争我夺的事情经常发生。所以，统治者最需要的就是一种高瞻远瞩、洞若观火的预见能力。中国自古就有许多政治预言家，这些人好似前知一千年，后知五百年。但实际上，他们都是普通人，只不过他们都积累了极其丰富的政治实践的成功经验，而且善于根据社会形势、人事去分析得失成败，以及各种社会力量的对比发展罢了。

历史的意义，不是机械地记录过去的事实，而贵在检讨既往，为后世提供经验教训。尤其在竞争激烈的商海中，不论是声名显赫的大企业还是名不见经传的小企业，要想做到永远不败是不可能的，因为成功企业的经验基本相似，但企业失败的教训却各有不同。所以，探寻企业失败的原因，借鉴企业失败的案例，能够给创业者以警示。也唯有这样，企业才不会在同一个地方跌倒两次。

大千世界丰富复杂，瑰丽多彩，只有在充满风霜雪雨的路途中跋涉过，才能体味其中荣辱沉浮的真谛；只有体验深刻，才能孕育博大的境界；只有经历过蜕变，才会领悟生命的蕴意。

古人云："前事不忘，后事之师。"而且，"今之于古也，犹古之于后世也；今之于后世亦犹今之古也。故审知今则可知古，知古则知后。"历史是陈年旧迹，但是真实的历史从来都是活生生的过去，或者说是将在未来"复活"的过去；历史是我们认识现在，把握未来的拐杖；历史使我们可以做到向更大的时空范围内要经验，向几千年的一切人、一切事学经验，从而使我们能更好地知成败，明得失，增智慧。

花旗银行前任董事长瑞斯顿说："正确的判断是经验的结果，而经验是错误判断的结果。""他山之石，可以攻玉"，微软公司就愿意聘用那些曾经犯过错误而又能吸取经验教训的人。微软的执行副总裁迈克尔·迈普斯说："我们寻找那些能够从错误中学会某些东西、主动适应的人。在录用过程中，我们总是问应聘者：你遇到的最大失败是什么？你从中学到了什么？"有过失败经历的人会积累更多的经验，这对企业来说无疑是好事。

刘邦吸取了秦朝灭亡的教训，汉朝采用了休养生息的政策。东汉看到西汉土地兼并的弊端，开始限制这个问题。唐朝吸取隋朝穷兵黩武的教训，开始推崇文教。宋朝吸取唐朝后期的大家族、外戚专政的教训，采取不杀读书人的政策。明朝吸取过去宦官干政的教训，专门在宫殿门口贴了一个牌子，规定宦官不能接触政事……

历史的发展，需要吸取之前的教训，因为这样能让人们少走很多弯路。换句话说，就是用别人的教训充实自己的经验宝库。别人的教训，是自己的免费经验；别人的智慧，更可以直接变为自己的智慧。

我们在生活中，总是遇到各种各样的麻烦，各种各样的问题，这个时候从别人那里学到经验是我们成功规避不必要的失败的重要手段。要知道，并不是所有的道路都需要重新再走一遍。

而在人生旅途中，我们难免会走上错路和岔路，有时我们不得不返回原点。这时，我们必须告诫自己：不能再走那一条路。经验的意义就在于，他人的失败，值得我们引以为戒，自己的失败，更要时刻牢记。

事实上，我们完全可以避免许多不应该有的错误，因为很多事，我们都有案例可以借鉴，认真地抬起头，观察、思考很多前人的经验和教训，不仅可以节省大量的探索时间，还会避免犯下更多探索中的错误。

7. 打破常规，出奇制胜

鬼谷子很重视"奇"的作用，这也是人们常把鬼谷子的智慧称为"奇谋秘术"的原因。"奇不知其所壅"，适当的时机出奇招，是很难防范的，所以当实力接近或以弱对强时，出奇往往就能制胜；而当以强对弱时，出奇则可以节省成本。

奇，顾名思义，采取的策略要让对方意想不到，来不及防备，或者完全出乎他们的惯性思维，这样获胜的概率就大，收获也就大。

《孙子兵法·势篇》："凡战者，以正合，以奇胜。"孙武也认为，两军对战，若实力相差无几，出奇才能制胜，过多的"模式"只能固化思维，自缚手脚。

《宋史·岳飞传》记载，岳飞对宗泽说："阵而后战，兵法之常，运用之妙，存乎一心。"这是南宋著名爱国将领岳飞与宗泽在论及野战与阵战时说的话。大致意思是说，兵法运用的精妙，全在于根据战场的特殊情况灵活而又富有创意地进行思考与实践。

无论是历史还是现代，不管是优秀的军事家还是出色的谈判大师，他们总是工于心计，巧于言辞，在战场或者谈判桌上不时出奇招，与对手展开智慧谋略的较量。

《史记·田单列传》中，记述了在战场上奇招应敌的故事：

田单是齐国王室的远房亲戚，地位不怎么高，平时也没多大名气。公元前285年，燕国大将军乐毅带兵攻破齐国，占领了齐国大片土地，田单和本族人逃到即墨。即墨大夫战死后，田单因为懂兵法，有智谋，深得军民拥护，被公推为将军。于是，在田单的带领下，乐毅围攻即墨三年，也未能攻破这座小城。

不久，燕昭王死，与乐毅有嫌隙的燕惠王继位。田单利用两人的冲突，派人到燕国散布乐毅的谣言，使燕惠王对乐毅产生疑心，派人代替了乐毅。一时，燕兵士气大落。田单利用这个机会，组织人马，鼓舞士气，做好反攻准备。又派人以诈降的办法进一步麻痹燕将，然后趁黑夜利用火牛阵大破燕军，不久便完全收复了失地。

司马迁评价说："兵以正合，以奇胜，善之者，出奇无穷，奇正还相生，如环之无端。"意思是说，攻战时必须以正兵当敌，以奇兵制胜。善于用兵的人自能层出不穷地使用权诈；因奇生正，因正生奇，使敌人不可捉摸，像一个环那样让人寻找不到头尾。

田单之奇，在于面对强敌临危不惧，而且以谋辅兵，在收复失地的过程中，先是用反间计，使名将乐毅丢掉兵权，打击了燕兵军心，鼓舞本方士气，又接连使出诈降和突袭两计，将燕军打得狼狈逃窜，可谓是奇正相合的典范案例。

世界谈判大师荷伯·科恩有一次飞往墨西哥城主持一个谈判研讨会。抵达目的地时，旅馆告之"客满"。此时，荷伯施展了他的看家本领，他找到旅馆经理，张嘴就问："如果墨西哥总统来了怎么办？你们是否要给他一个房间？"

经理回答："是的，先生。"

荷伯接着说："好吧，他没有来，所以，我住他那间。"结果，他顺顺畅畅地住进了总统套房，不过附加条件是，总统来了必须立即让出。但是显然，这个概率很小。

在机会均等的条件下，奇招会加大我们取胜的筹码。所以鬼谷子说，当一个人学会出奇制胜的法则后，就可以用于"度材、量能、揣情"，不管做何事，都像在怀里揣上了指南针，又怎能找不到方向呢？

所谓"常理"，就是当某一种情形发生时，大多数人所采取的一种思维方式或行动方式。"不按照常理出牌"所描述的就是一种冒险、反常规行为，是一种对人们所熟知经验的跨越。

企业经营者要在经营上有所成就，就不能被常规束缚住手脚，必要的时候要善于运用奇招、妙招。

打破常规。大量重复性的活动，使人们逐渐形成习惯性的思维方式和比较固定的行为规范，会造成思维障碍，如果打破常规，可取得意想不到的效果。

在企业经营过程中，不怕经营者做不到，就怕想不到，尤其是怕不去想。对社会经济活动而言，许多财富是建立在众多杰出企业家的经营谋略基石上的；对企业经营者而言，亿万富翁的庞大王国都是由一些谋略网络编织起来的。有时，一个好的谋略可使濒临破产的企业起死回生。

一家著名的大型超级市场曾经做过一个让人匪夷所思的决定——他们将尿布和啤酒摆放在同一个货架上，这在其他的超级市场里是不曾有过的。然而这个不合常理的举措却没有影响两种商品的销售，相反，尿布和啤酒的销量双双增加了。这不是一个笑话，而是发生在美国沃尔玛连锁超市的真实事件，并且至今为众多商家所津津乐道。

原来，美国的太太们经常嘱咐她们的丈夫，下班后要去超市为孩子买尿布，而丈夫们购物总是行色匆匆，不可能仔仔细细地在商场里逛上一圈。如果尿布同啤酒摆放在一起，那么男士们在买完尿布后，就可以顺手带回自己爱喝的啤酒了。有了这样的购物经历，他们就会一直光临沃尔玛。

任何一个有悖日常生活常识或常理的想法，人们都会当作异想天开的笑话。现实证明，异想天开的思维方式包含着一般人想不到的大智慧，向人们敞开了创造思维的大门，使人走向成功。

有一家名为"沙漠之旅"的旅游公司突发奇想，搞了一个新的旅游项目："自愿当人质。"这项旅游实施6个月来，生意兴隆，而且参加过这项旅游活动的游客个个都称"难忘"。参加这一旅游项目的条件很简单，只要签订一份自愿当一天"受害者"的书面协议书、交500~1500美元就可以了。之后，游客便开始在也门的首都参观一些历史古迹。之后，这家公司会让游客遭遇一次"劫持"，"劫持"行动通常发生在游客玩得起劲的时候。这时，游客会被不相识的游牧部落"劫持"到茫茫沙漠，而在这个游牧部落中，没有人能听得懂外语。在接下来的时间里，游客要跟着整个部落到处迁徙，晚上居住在帐篷里，白天得顶着烈日去寻找水源、挖井。还要在沙漠里寻找和准备食物，学习放养羊、骆驼等牲口，用部落里的人所使用的传统武器猎获兔子、沙漠硕鼠和野鸟等动物。这时，游客的生活节奏变得与沙漠"绑匪"们完全一样，时间被忘掉，他们日出而作、日落而息。72小时之后，旅游公司的人将会把游客"解救"出来。

英国也曾有人开发出让游客前往喀什米尔当3个月游击队员的旅游项目，据说报名者也十分踊跃。如此看来，越荒唐怪诞的事，越能吸引不愁温饱的现代都市人。

还有一个走出求同的圆圈的故事：

第二次世界大战结束后，美国建筑业大发展，泥瓦工人供不应求，每天工资涨到15美元，一个叫迈克的人看到许多"征泥瓦工"的广告，但他却不去应征，而是在报纸上刊登了一条"你也能成为泥瓦工"的广告，打算培训泥瓦工。他租了一间门面，请了师傅，教材是1500块砖和少量砂石。那些想每天挣15美元的工人蜂拥而至，使迈克很快就获得了3000美元的纯利，相当于他自己去当泥瓦工200天的收入。迈克独特的思维方式使他迈进了管理者的阶层。

所以，在思想上要敢于突破人云亦云的求同思维方式，寻找"大家都不做的事"或"未做的事"。

日本西铁城钟表公司为了在澳大利亚打开市场，提高品牌的知名度，竟出人意料地采用直升飞机空投的形式，从高空把手表扔下来，落到指定的广场上，谁捡到就送给谁。这一举措瞬间引起轰动，成千上万名观众拥到广场，看着一只只手表从天而降，落地后居然完好无损，无不惊叹不已。于是，消息不胫而走，西铁城自此家喻户晓。总之，开发出一些超出人们想象的奇特商品，往往能在市场竞争中获胜。

创造机会的人是勇者，等待机会的人是愚者。观念不变原地转，观念一变天地宽，思维的盲区是奇迹的生长点。"出奇"是制胜的重要法宝。出奇是一种创新，但同时也意味着冒险。一件物品在不同的时间，对同一个人会有不同的意义；一句话在不同的时间，对相同的你会产生不同的作用；一个机会在不同的时间，对同一个你会造成不同的结果。所以要谨记瞄准机会，出奇制胜。

真正的发现之旅不只是为了寻找全新的景色，而是为了能拥有全新的眼光。人生过程的景观是一直在变化的，向前跨进，就会看到与初始不同的景观，再向前去，又会是另一番新的气候。鬼谷子讲："有利焉，去其利则不受也，奇之所托。"只要你想象得到，你就能做到；只要你梦得到，你就能实现。

第二章

知己知彼，做到游刃有余

【原文】

　　故知之始己，自知而后知人也。其相知也，若比目之鱼。其伺言也，若声之与响；其见形也，若光之与影也。其察言也不失，若磁石之取针，如舌之取燔骨。其与人也微，其见情也疾。如阴与阳，如阳与阴；如圆与方，如方与圆。未见形圆以道之，既见形方以事之。进退左右，以是司之。己不先定，牧人不正。事用不巧，是谓忘情失道。己审先定以牧人，策而无形容，莫见其门，是谓天神。

【译文】

　　由此可见，了解别人要从认识自己开始，只有先认识自己，才能更好地了解他人内心的想法。若能如此，那么与对方的相互了解，如同比目鱼的两目一般没有距离，彼此明晰可见；窥伺对方的言辞，如同声音和回响一样契合无误；从外形观察对方的内心深处，如同光和影子一样准确细致；侦查对方的言论中的真意，就如同磁石吸针一样没有差失，如同舌头吸取骨汁一样游刃有余，万无一失。这样与对方交谈，不用过多的言辞，暴露给对方的微乎其微，就可以非常迅速地洞悉对方的真实意图，就如同阴阳转换一样彼此渗透，方圆交替一样运用自如，相辅相成。在对方的基本情况尚未明晰之前，就应该用圆融的道理诱导对方；待一切明朗之后，就应该用方正的道理去劝服对方，助其成就大事。用人之道，不论升迁、黜退、贬左、崇右，都应该灵活运用上述道理。如果不首先确定方圆进退的策略，那么就无法掌控全局，管理别人。如果做事不掌握法则技巧，这就叫作"忘情失道"（不考虑实际情况，不遵循事物发展的规律）。自己首先确定周密详细的行动策略，再依此驾驭对方，就能在不暴露意图的前提下，于无形之中驱策众人以致成功，而对方尚不知其门道所在，这样方可称为"天神"。

【本章提要】

鬼谷子认为，有效的忤合智谋必须具备前提条件，即知己知彼，方能游刃有余，纵横捭阖。善于运用忤合之术的人，首先要确定有前途的人作为自己辅佐的对象，自己还必须有超人的智慧、高尚的品德、过人的胆识，而且还要有自知之明。只有这样的人，才能纵横天下，进退自如。

1. 知人者智，自知者明

《贞观政要》中说："知人既以为难，自知诚亦不易。"相比之下，自知比知人更难，难就难在它不仅需要智慧，更需要勇气，敢于以挑剔的眼光面对自身的不足，然后找到正确的策略。

老子也说："知人者智，自知者明。"识别他人只是一种机智，而能认识到自己的错误才算高明！

一只狮子三天没有进食了，在一个山坡上，它看到一头肥壮的公牛在吃草。它并没有急于行动，因为它看到一只莽撞而可怜的豹子刚扑上去，就被这只公牛一头顶死了。

"要是公牛没有角就好了，那我就可以轻而易举地将它制服。可它长了角，身体又如此强壮，要是硬碰硬，它的双角肯定会刺穿我的胸膛。"身子瘦弱、疲乏无比的狮子想。它清楚自己的实力，它不可能敌过公牛那锋利的双角。

狮子慢慢地走到公牛身边，非常友好地说："我真羡慕你啊，公牛先生。你的头是那么漂亮，肩是那么宽阔，腿和蹄又都充满了力量。可是，美中不足的是那两只角，我真搞不明白你怎么受得了这两只角，它们让你英俊的外貌受到了极大的损害，难道你不知道吗？"公牛说："我还真没好好想过这个问题呢。不过，经你这么一提醒，我倒真觉得这两只角有点碍事了。对了，我真的很英俊吗？"

狮子说："当然，我从不说谎，你其实很英俊，假如没有那两只角的话。否则就很难说了，虽然我认为你是英俊的，但其他动物就不一定这么想了，大家都不想看到这对角长在你的脑袋上，因为太丑陋了，对你的形象是多大的损害啊!"

说完,狮子掉头就走,躲在树后面看着。公牛等到狮子走远,越想越觉得它说的有道理,就把自己的脑袋往石头上猛撞,把两只角都撞碎了,他的头很快就变得光秃秃的。这时,狮子得意地跳出来,扑上去咬断了公牛的脖子。

比起那只找死的豹子,狮子无疑是有自知之明的。它知道自己拥有一张锋利的嘴,但它也知道自己敌不过公牛那犀利的双角。正因为如此,狮子才小心谨慎地行事,制定了正确的策略,先骗公牛自毁双角,再一击而中,把公牛变成自己的美餐。那只豹子,则是既无自知也不知人的典型,自大自傲,空有一腔激情,死得却很悲惨。

一只秃鹰飞过王宫,看见王宫中有一只黄莺深受国王宠爱,于是就问黄莺:"你是如何获得国王宠爱的?"黄莺回答说:"我到王宫后,唱歌十分动听,国王非常喜欢听我唱歌,因此十分喜欢我,就经常拿珍珠来打扮我了。"

秃鹰听了心里很是羡慕,它想:"我应该学学黄莺,这样说不定国王也会喜欢上我。于是秃鹰就飞到国王睡觉的地方,开始叫起来。国王此时正好在睡觉,听了秃鹰的叫声,感到十分愤怒,就吩咐手下把秃鹰抓来,并拔光了它的羽毛。秃鹰浑身疼痛,满是伤痕地回到鸟群中,它恼羞成怒,到处对别的鸟说:"这都是黄莺害的,我一定要报仇!"

没有自知之明的秃鹰,下场很是可笑。其实在现实生活中,我们身边有很多这样的"秃鹰",总想做一番事,壮怀激烈,尾巴撅到天上,但因为看不清楚自身,说话做事无不弄巧成拙,处处碰壁。

只有自知,才能知人,才可做事。在这里,鬼谷子将自知之明作为钓言之术的基本工具之一。《吕氏春秋》中说:"物固莫不有长,莫不有短，人亦然。"我们要运用钓言之术，就要知道自己的长处和短处在哪里，才能借由不断的自我调整，针对对方的优劣长短，拿出合适的策略，提高成功率。

但现实中，眼睛只盯着别人的"聪明人"很多，他们习惯揣摩别人的心理，于是对别人了如指掌，对自己反倒不清楚了。因为不知自己几斤几两，事情不但做不成，最后连人也做不好。

因此才有话说：知人易，知己难。读到这里，我们如能抽出时间为自己打造一面"镜子"，定时察看、反省、改善，对自身的优势和劣势进行归纳总结，再去"知人"，何愁做事不顺，做人不成？

2. 发现自己的优势

在鬼谷子看来，每个人都有自己独特的优势，"有以平，有以正；有以喜，有以怒；有以名，有以行；有以廉，有以信；有以利，有以卑"。不管采用哪一种手段，具备何种优势，只要所用对路，做人和做事的效果都不会差。

所以，你一定得想清楚，自己可以依靠什么去打动别人？

乔·吉拉德1929年出生在美国一个贫民窟，他从懂事起就开始擦皮革，做报童，然后又做过洗碗工、送货员、电炉装配工和住宅建筑承包商等。但由于没有找到最适合自己做的事，他没有取得成功。不仅朋友弃他而去，欠了一身的外债的他，连妻子、孩子的吃喝都成了问题。为了养家糊口，他开始卖汽车，步入推销生涯。

乔·吉拉德以极大的专注和热情投入到推销工作中，只要碰到人，他就把名片递过去。不管是在街上还是在商店里，他都会抓住一切机会，推销他的产品，同时也推销他自己。三年以后，他成为了全世界最伟大的销售员。谁能想到，这样一个不被看好，而且还背了一身债务、几乎走投无路的人，竟然能够在短短的三年内被吉尼斯世界纪录称为"世界上最伟大的推销员"。他至今还保持着销售昂贵产品的空前纪录——平均每天卖6辆汽车！他一直被欧美商界称为"能向任何人推销出任何商品"的传奇人物。

乔·吉拉德做过很多种工作，屡遭失败。最后他把自己定位在做一名销售员，终于获得了成功。成功的最直接、最实用的方法就是做自己最擅长的事，否则，你将在众多人的参考意见中无所适从，找不到自己的方向。

每个人都有自己最擅长的事，最喜欢的事。

李小明是一位机械师。他已经做了十多年的机械工作，可他一直不喜欢自己的工作，总是想转行，却迟迟下不了决心。因为他已经做了十多年的机械工作，如果突然换一份其他工作，一切都需要从头再来，让他会感到很不适应，尽管他不喜欢，但也无法抛开累积十多年的机械专业知识。

李小明想改变，但又抛不开过去的包袱，自然无法突破。其实，既然知道自己再继续做下去也不会有兴趣，就应该果断地做出决定：转行！做自己喜欢的事情更容易激发自己的想象力和创造力，并获得成功。

每个人都有很多能力，但总有一种能力是最擅长的。只有找准自己最擅长的事，才能最大限度地发挥自己的潜力，调动自己身上一切可以调动的积极因素，并把自己的优势发挥得淋漓尽致，从而获得成功。

一个人要充分地估测自己，给自己找准位置，充满信心、真诚地做自己能做的和应该做的事，才有可能成为自己所希望的那种人。多少杰出人士的经历说明：假如你不仅知道自己能干什么，而且知道自己不能干什么，在充分发挥才能优势的基础上，在扬长避短的前提下选择你的起点、着力点和努力方向，你就能少走弯路。

人的能力是有限的，一个人不可能样样都行，要知道自己能干什么和不能干什么。能给自己准确定位的人，才是真正有谋略的人，才能取得成功。

有一个经商者，刚开始创业时，为了找到一处合适的房子，托人找到房东，用很便宜的价格把房子租了下来。后来，由于各种原因，他觉得这个地段不好，于是将房子又转租出去了，自己到另外一个路段开了一家饭馆。

三年之中，他开饭馆没有赚到钱，反而发现自己原来更适合做转租房子的生意。这位经商者反省自己，发现自己对房产方面的事很感兴趣，也表现了很强的能力。最终，他果断地决定放弃饭馆，专门做起了二手房出租业务。结果，他成为了一名成功的房屋出租中介商，在这一行内如鱼得水，收入越来越高。后来，他还在当地开起了房产中介的连锁加盟店，将自己的牌子在整个城市打响。

这位经商者打算做番事业，一开始选择的是餐饮业，但经过尝试之后他才发现，自己的优势是在房地产。有些人遇到此事，为顾及面子或许仍会勉力支撑不景气的饭馆，在不擅长的事情上坚持到底，而这位商人则是立刻将精力转到自己最擅长的事情上去，所以他用最短的时间获得了成功。

要给自己一个良好的定位，寻找到优势和资本，就需要不断地自我反省，冷静分析和逆向揣摩，深入了解自我的才能和兴趣的倾向。

检讨一下以往几年间性格和形象的转变，找出自己有哪些明显的优势，借以推断自身的发展趋势。

重要的还有，对自己提出需要解决的问题。

我是谁？

我的人生观、价值观、资质、兴趣、能力、学业背景、个人形象、动机、家庭背景、性格特征，等等，发现自我的基本面。

我的优势是什么？

我目前从事的工作、专业特长、其他资格和技能、社交及与别人沟通的能力、可能发展的技能、社会活动、旅行经验、工作经验、喜爱的工作环境、推销产品的能力、是否喜欢冒险等，从中发现自己的特长和拥有的资本。

我所处的环境是什么样的？

当前工作的性质、我的理想目标、社交环境、人际关系的当前模型、朋友圈、主要领导、主要对手、同事和下属、亲人和朋友，寻找这些因素之间的联系，给自己一个明确的定位，然后找到最需要解决的问题以及应该采取的办法，知道自己有哪些资本可以信赖，有哪些缺点需要及时改进，从而有的放矢，按部就班地落实好每一步。

鬼谷子告诉我们，一个人不需要多么全面，只要有一点做得好，他就足够强大。比如说客，一人之辩，重于九鼎之宝，三寸之舌，强于百万之师；还有剑客，凭一身好武艺，十步杀一人，千里不留行，成为王公诸侯们的座上宾。每一样都做得出色是不可能的，但我们可以将其中一样做到最精细、最专业，打造为自己的立业之本。"圣人所以独用者，众人皆有之；然无成功者，其用之非也。"同时，拥有一技之长后，就要将自己的优势运用得当，正确的手段用在合适的地方，就一定能够纵横捭阖，收到回报。

3. 明确自己的立场

在纷繁复杂的社会生活中，当彼此对立的各方都邀请自己加入的时候，应该接近谁？远离谁？弄清这一点十分重要。鬼谷子给出的答案是"因事为制"，也就是根据事态的发展来决定。

有这样一则寓言。

有一天，狼的使者来到羊群里，许诺说："如果你们把守护你们的狗抓住并杀了，我们以后就不再吃你们，让你们过上安静的日子。"愚蠢的羊听了很高兴，欣然答应了狼的要求。这时，有只年老的公羊站出来说："我们怎么能相信你们，并同你们共同生活呢？有狗保护我们的时候，你们还闹得我们不能安心地吃顿饭呢。"

聪明人不会轻信敌人的诺言，放弃自己的安全保障。相信敌人的诺言无疑是愚蠢的，而选择自己盟友的时候，则一定要睁大眼睛。

春秋时期的鲁国是一个弱小的国家，经常受其他大国的威胁。鲁国国君为了巩固统治，想和晋、楚两国结为盟国，就准备把自己的几个儿子派到晋、楚两国去，名义上是当官，其实是当作人质。鲁国大夫犁锄不同意这样做，他对鲁君说："大王，如果您的儿子落水了，您到越国去求人救他，越国的人虽然善于游泳，但也救不活您的儿子；如果鲁国失火了，您到海里去取水，海水虽多，也不能及时扑灭大火，这是因为远水难救近火啊！现在晋国和楚国虽然强大，但距离鲁国很远。离我们最近的大国是齐国，如果让公子去齐国，我们和齐国结交，当鲁国有难时，齐国能不来相救吗?"鲁君认为他说得很有道理。

鲁国国君舍近而求远,准备结交一些根本帮不上忙的盟友,这种做法违背了常理,显然是错误的。但是他联合大国,寻求安全保障的想法是正确的。有时候,当我们面临共同的威胁时,单打独斗是很难有胜算的,此时应该建立一个统一的战线,团结一切可以团结的力量以克服困难。古语云:"人心齐,泰山移。"只要聚集足够的力量,即使是泰山当道,也可以将它移开。

历史上许多有远见的政治家都因做到了这一点,而改变了敌我力量的对比,使自己走出了困境。比如三国时期,蜀军败于夷陵,被吴国的陆逊火烧七百里连营,损兵折将,导致刘备悲愧交加,病死于白帝城。此时,蜀国内部政权不稳,外部魏国大兵压境。其危急情形,正如诸葛亮在《出师表》中所说:"先帝创业未半,而中道崩殂;今天下三分,益州疲敝,此诚危急存亡之秋也。"在这国难当头之时,诸葛亮没有盲目决定向东吴复仇,而是首先考虑建立统一战线,恢复与东吴的联盟关系。因为统一战线的建立,进攻蜀国的曹真大军被吴将徐盛打得大败,而诸葛亮由于再无后顾之忧,得以放手南征,七擒孟获,北伐中原,六出祁山,取得了一系列的胜利,为蜀国赢得了几十年的生存空间。

在政治和军事斗争中,当对立的双方势均力敌、难解难分的时候,第三方的态度就显得非常关键了。当第三方加入某一方以后,就迅速促成了另一方的失败。历史上有不少这样的例子。

明朝末年,李自成率农民军攻占北京,崇祯帝自缢于煤山,明朝灭亡。李自成为了招降驻守山海关的辽东总兵吴三桂,派降将唐通带5万两白银和吴三桂父亲的书信,前去游说吴三桂。吴三桂原本打算归顺李自成,但又得知李自成用政权镇压明朝权贵,自己的父亲被追赃拷打,家产全被查抄，连他最宠爱的小妾陈圆圆也被掳走了。吴三桂一气之下，杀了李自成的使者，给清朝的睿亲王多尔衮写信，请求他发兵，征讨李自成。清军早就想进关，统治整个中原。所以，多尔衮立刻率清兵进入山海关。李自成得知吴三桂不肯投降，就亲率大军和吴三桂大军在山海关附近决战。两万清军骑兵从右边突袭农民军，农民军大败。后来，清军彻底打垮了李自成，进入北京，统一了中国。

站在一起的盟友，并非各方面都完全一致，因此必须异中求同。这需要有人积极主动，才可以很快地找到共同点，来解决共同面对的问题。如果双方或多方都自顾矜持，不主动去寻找共同点，只是盯着别人与自己不同的地方，那无论到什么时候，都不可能解决问题。

在现代商业领域，一个企业要发展、壮大，也必须善于选择最佳的盟友。

比如，现代电气高科技的迅速发展，对电气材料不断提出新的要求，大量的新材料应运而生。制造节能变压器铁芯的新型低铁矽钢片就是其中的一种。一开始，美国电气行业执牛耳的美国通用电气公司和西屋电气公司，以及实力稍弱的阿姆卡公司都在研制新型低铁矽钢片，而竞争的结果却被阿姆卡公司拔了头筹。阿姆卡公司十分重视信息情报工作。在研制矽钢片的过程中，他们发现"通用"和"西屋"也在从事同类产品的研制。而远在地球另一端的日本钢厂也有此意，并且准备采用最先进的激光囊处理技术。阿姆卡公司分析形势后认为，以自己的实力继续独立研制，极可能落在"通用""西屋"之后，风险极大。若要走合作研制之路，就必须选择合作者。与"通用""西屋"联手，未必有利于加快研制过程，而且将来只能与之分享美国市场，同时还得考虑崛起的日本钢厂。而与日本钢厂并肩合作，生命力旺盛，研制过程自然会加快，将来的市场之大不可限量。阿姆卡公司选择了与日本钢厂合作，结果比预定计划提前半年研制成功，战胜了"通用""西屋"两大强劲对手。

同样，在现代商业社会中，凭个人的单打独斗很难取得事业上的飞跃，学会与人合作，则显得至为关键。那么，该怎样选择合作者呢？借用一句名言来说：没有永远的朋友，也没有永远的敌人，谋事须看形势，这也是鬼谷子思想的精髓。

4. 性格是为人处世的牢固根基

人常说：可敬之人必有可爱之处，可怜之人必有可恨之处。可敬之人的可爱之处与可怜之人的可恨之处，自然主要是指其人的性格方面。可敬、可爱的性格无疑是为人处世的牢固根基。

有位美国记者曾在采访银行家摩根时问："决定你成功的条件是什么？"摩根毫不掩饰地说："性格。"记者又问："资金与性格何者更重要？"摩根一语中的："资金重要，但更重要的是性格。"

1998年5月，华盛顿大学有幸请来世界巨富沃沦·巴菲特和比尔·盖茨演讲，当学生们问道"你们怎么变得比上帝还富有"这一有趣的问题时，巴菲特说："这个问题非常简单，原因不在智商。为什么聪明人会做一些阻碍自己发挥全部功效的事情呢？原因在于习惯、性格和脾气。"盖茨表示赞同，他说："我认为沃沦关于习惯的话完全正确。"此时，两位殊途同归的好朋友道出了自己成功的诀窍，比摩根更为详细一点，即性格中还包含脾气和习惯。

我们常说：性格决定命运。性格好比是水泥柱子中的钢筋铁骨，而知识和学问则是浇筑的混凝土。伟大的灵魂毕竟是少数，但成就伟大事业的性格要素很简单——需要耐心、理性、冷静，只要拥有它，这世界能成就伟大事业的人将会很多。

性格对智者来说是一匹驯马，在愚者那里才是一匹野马。在交织着积极的、消极的多种心理因素冲突中，我们要不断让积极的心理因素占统治地位，不断进行自我修养，更多展现性格的优点，经常克服性格缺陷，让良好的性格占主导地位。我们常说的与命运抗争，讲的就是一个战胜自我的过程。我们常听的"天行健，君子以自强不息"，讲的也还是自我重塑，自我实现的过程。

叔本华说："为了能同所有的男男女女和睦相处，我们必须允许每一个人保持各自的个性。"世界上的每个人都有各自的性格特征，都有各自的习惯以及独特的思维方式和交往风格。

鬼谷子说："与智者谈话，就要以渊博为原则，要显示自身的博学；与拙者说话，要以强辩为原则，要显示自己的口辩才能；与善辩的人谈话，要以简要为原则，显出自己语言的精要；与高贵的人谈话，要以鼓吹气势为原则；与富人谈话，要以高雅潇洒为原则；与穷人谈话，要以利害为原则；与卑贱者谈话，要以谦恭为原则；与勇敢的人谈话，要以果敢为原则；与上进者谈话，要以锐意进取为原则。对不同性格、不同背景的人要采取不同的方法。

齐桓公晚年最宠幸的两个人是竖刁和易牙。竖刁原本是一个普通的侍卫，他为了能够亲近齐桓公而自愿受宫刑；易牙是一位精于烹饪的专家，为了讨好齐桓公而将自己三岁的亲生儿子杀死，给齐桓公烧菜吃。对于这两个人，管仲活着的时候曾经给齐桓公分析过，他说："人的本性决定着没有人会爱别人胜过爱自己，如果一个人对自己的身体都忍心残害，对别人岂不更忍心下毒手？也没有人不爱自己的子女，如果一个人连自己的亲生儿女都下得了狠心，他对别人更会下得了狠心。人言'莫信直中直，须防仁不仁。'今天他以非常的手段来赢得你的信任，明天他也会以非常的手段出卖你。"齐桓公觉得管仲分析得对，于是疏远了竖刁和易牙。但管仲死后，齐桓公觉得很空虚，又重新起用了这两个人。结果，当齐桓公不能再给他们带来好处时，他们便策划了一场政变，杀掉太子姜昭，另立姜无方，使自己得到实惠。而可怜的一代霸主齐桓公竟被活活饿死，尸体腐烂而无人收殓。

齐桓公的悲剧告诉我们，有些人的本性不是轻易即可改变的，因而在与人交往中，要善于识辨对方的性格，对于那些性格偏颇之人，还是避而远之为好。

"成功的人之所以成功，是因为他们总在想如何能够不失败，失败的人之所以失败，是因为他们太想成功。"不成功的人有各种各样的理由，但成功的人都有相似之处。成功的人为成功找方法，失败的人为失败找借口。名人似乎总有与众不同之处，性格决定命运，时势造就英雄。其实每个人的命运都把握在自己的手里，只是看你能否把它抓进手心。一个人的爱好就是他发展的方向，一个人的兴趣就是他的资本。一个人的性情就是他的命运，能够了解他人性情，因性制人则胜券在握。

5. 抓住主动权，让问题在自己那儿得到解决

鬼谷子反忤术的要点在于："成于事而合于谋，与之为主。合于彼而离于此，计谋不两忠。"首先应明确，在斗智中，主客双方所处的矛盾地位无可调和，而取胜的关键则在于依据现实环境，依据对方的计谋，制定一种控制对方的措施，改变斗争形势，变被动为主动，争取有利时机，掌握斗争中的主动权，从而一举克敌制胜。

变被动为主动、善抓主动权的"反忤术"事例，古代比比皆是。在现代商战中，作为一名经营者，不管是在商业谈判中，还是在市场竞争中，都要善抓主动权，学会运用反忤术。

克罗原先是美国的一个穷光蛋，没读完中学就出来做工了。后来，他在一家工厂当推销员，认识了快餐店的麦克唐纳兄弟。克罗很想对美国的快餐行业做一番改革，以满足亿万美国人对快餐的需求。可是他一贫如洗，哪里有钱来开餐馆呢？于是，他决定打入麦克唐纳快餐店。他找到麦氏兄弟，要求留在快餐店里工作，哪怕是当一名跑堂的小伙计也行。他掌握了这两位老板的心理特点，提出在当小伙计期间兼做原来的推销工作，并把推销收入的5%让利给老板。老板见有利可图，便答应了他的要求。

克罗进入麦氏快餐店后，很快就摸清了餐馆的实力和条件。他为了取得老板的信任，工作异常勤奋。他曾多次建议老板改善营业环境，提出配制份饭，轻便包装，送饭上门；建议在店里安装音响，使顾客更加舒适；他还大力改善食品卫生，严格挑选服务员。当然，每项改革都使老板感到很满意。他总是表现得坦诚、可信，因此给人留下了

谦虚谨慎的极好印象。由于他为店里招揽了不少顾客，生意越做越大，老板对他更是言听计从，百依百顺。六年过后，他的经验越来越丰富，头脑中的新点子也越来越多，渐渐露出喧宾夺主的势头。而麦克唐纳快餐店经过六年的发展，在美国也有了一些名气。此时的克罗，也已通过各种途径筹集到了一大笔贷款，他认为时机成熟，该与麦氏兄弟分道扬镳了。

在1961年的一个晚上，克罗与麦氏兄弟进行了一次艰难的谈判。开始时，克罗先提出较为苛刻的条件，再稍作让步，最后以270万美元的现金买下了麦氏快餐店，由他自己独立经营。麦氏兄弟尽管有种种忧虑和不安，但面对诱人的价格，还是动了心，其实他们也有不得已的苦衷。第二天，麦克唐纳快餐店发生了引人注目的主仆易位事件，店员居然炒了老板的鱿鱼。克罗入主后，其快餐店迅速发生变化，以崭新的面貌享誉全美，在不长的时间里就捞回了270万美元。

在这一实例中，克罗就是巧妙地利用了"反忤术"。他先借助麦氏兄弟的财力、物力来发展、充实自己，最后反客为主，获得胜利。

有一个乞丐路过一片树林，遭到一条野狗的袭击。好在他当时腿脚比较利索，侥幸逃脱，不过还是心有余悸。他心想：野狗果然凶猛，我要找个东西防身才行。

等到再次去讨饭的时候，他便捡了一个石块藏在身上。然而，不幸的是，这次他遭到了两条野狗的攻击。虽然有一个石块防身，但他还是被另一条狗咬伤了。

这次他伤得很严重，养了将近一个月才康复。第三次讨饭时，乞丐准备得更周密了，他在怀里揣了两个石块。可没想到这次他遭到了三条狗的攻击。于是，他又被狗咬伤了！

老天似乎一次又一次地跟他作对，到后来，他不得不背着一篓子石块去讨饭。

最后，忍无可忍的乞丐大着胆子放下石块，拎起棍子去打狗。结果令他大吃一惊——他三两下就将野狗全部都打跑了。

原来，用棍子打狗才是最有效的方法。乞丐后悔不已地想：唉，如果我一开始就想到这个方法，狗不就咬不到我了吗。

工作中也是这样，被动地待在自己的岗位上，事事不理、不听、不问，自以为是，那么无论你业务多么纯熟，同事也不会喜欢你，老板自然也不会重用一个没人缘的人。就像那个乞丐一样，强中自有强中手，即便你一味"防范"，也是躲得过初一躲不过十五。而当你愿意选择"主动问一声"的时候，得到的结果往往是积极的、美好的和多赢的！

1999年，美国第一大零售商凯玛特开始显露出走下坡路的迹象，有一个故事广泛流传：在1990年的凯玛特总结会上，一位经理认为自己犯了一个"错误"，他向坐在他身边的上司请示如何更正。这位上司不知道如何回答，便向自己上级请示。而上司的上司又转过身来，向他的上司请示。这样一个小小的问题，一直推到总经理帕金那里。帕金后来回忆说："真是可笑，没有人积极思考解决问题的办法，而宁愿将问题一直推到最高领导那里。"

2002年1月22日，凯玛特正式申请破产保护。

与竭力寻找借口的员工不同，有些员工没有做好工作时会直接对老板说："您看怎么办？"也许这种坦诚似乎比找借口好一些，但事实上，在老板听来，"您看怎么办？"的潜台词就是"这是件麻烦的事情，还是您亲自介入并帮助我们解决吧"。

在企业的发展过程中，总会不可避免地遭遇到各种问题和困扰。问题会时不时地出现，就像每个人都会生病一样。所以，老板迫切需要的是那种能及时解决问题的人才。

在老板眼中，没有任何事情比一个员工处理和解决问题更能表现出他的责任感、感恩精神和不可替代的价值。一个经常为老板解决问题的人，肯定能最先得到老板的青睐和提拔。首先，他没有让问题延误，酿成大患；其次，他让老板非常省心省力，老板可以把精力集中到更重大的问题上。有了这样的员工，老板就会少了很多后顾之忧。

可以说，没有任何一个上司愿意看到自己安排的事情被员工当作皮球一样踢来踢去。作为员工，如果你不能解决问题、不能完成任务，那老板请你来干什么呢？然而，在很多企业里，老板却不得不亲力亲为，去做下属做不好的事情，有时甚至还要帮下属收拾烂摊子。可以说，这不仅是下属们的耻辱，更是企业和老板的不幸。

主动让问题在自己那儿得到解决，你才能迎来新的契机。而当周围的人都喜欢找你解决问题时，你无形中就建立起了善于解决问题的好名声，就取得了胜人一筹的竞争优势，老板必然会知道你是个良才。这样，你才能受到老板的青睐和提拔。

6. 保持神秘感，隐藏比暴露更占优势

鬼谷子认为，物以稀为贵，身价越捧越高，有时候，限制恰恰就是发展。频繁的现身会引来众人的注目，因为你比周围的人更为灿烂耀眼，但是过度的现身反而会造成反效果，因为你越经常露面、讲话，你的人气就会越低。

这正是应验了心理学中的升值规律，即越是得不到的东西，越值得朝

思暮想、牵肠挂肚。在人们的意识中，"一分钱一分货"是亘古不变的道理。人们相信，容易得来的东西往往不是什么可贵的东西，不值得珍惜；只有那些出高价或费很大力气才争取到的东西才是好东西，才值得珍惜。换句话说，对于难以得到却又容易失去的事物，人们会非常珍惜，不管它是不是真的很值得珍惜；而对轻易到手而又基本不可能失去的事物，则放心许多，或者说不太在意，也不管它实际上有多大的价值。

毕坚商店位于美国曼哈顿第五大街，在众多的商店中，它显得别具一格。例如，在圣诞节购物达到高潮的时候，大多数商店里人来人往，热闹非凡，商家都在想方设法吸引更多的顾客光临自己的商店，而毕坚商店这时却重门深锁，里面只有一位顾客在选购，它一次只请一位顾客进去，这位顾客进入商店里，商店的大门就对别的顾客关上了。

作为店家，哪有关门拒客的道理？每次只接待一位客人，它能赚到什么钱呢？

初看起来，毕坚商店的做法似乎有违经商的原则，但我们如果结合当地消费者的构成情况来分析，就可以发现毕坚商店的经营策略自有它的高明之处。

美国纽约的曼哈顿是世界上巨商富贾云集之地，巨额的资产给他们的心理和消费带来了与众不同的特点。正是为了适应这些世界富豪，毕坚商店玩出了与众不同的新花样。它以极为富有的豪绅作为自己的目标顾客，经营的商品高档、豪华，当然，价格也贵得令人咋舌。这里一套衣服至少要卖2200美元，一套床单标价9400美元，一瓶香水要卖1500美元。售价这么贵的商品，店家在每一件商品上赚得的利润也就相当惊人，所以，它虽然一次只接待一位顾客，却比别的接待几十、几百位顾客的商店收益只多不少。

这么贵的商品如何吸引顾客来购买呢？

毕坚每次只接待一位顾客就是措施之一。富豪大多有高人一等的优越感，不愿与普通人为伍，整个商店一次只接待一个人，恰好满足了这些富豪顾客的虚荣心，而且该店对于哪位顾客上门等情况都予以保密，弄得神秘兮兮的，越发抬高了毕坚商店的地位和身份，增强了它的吸引力。

事实证明，毕坚商店的经营策略是成功的，到目前为止，全世界有50多个国家和地区的富豪、王公贵族到毕坚商店"潇洒"过，美国总统里根、西班牙国王卡洛斯、约旦国王侯赛因和一些著名艺人都曾光顾过毕坚商店，而且他们一般都不会空手离开这家象征身份和地位的商店。

不轻易接待顾客的，是贵族的商店，而不轻易出山的，肯定就是业内高手。所以，某一行业的顶尖高手，都不是随叫随到的。成功的律师、成绩卓越的策划人，乃至美容店中技艺高明的美容师、服装店的高级裁缝和服饰专家，顾客必须提前与他们预约，并且他们只为一定数量的顾客服务。

由此可知，要想保持自己的威信，保持自己的吸引力，你就不要成为一个很容易被看见、看起来很闲的人，而需要留出一些空间和时间让对方去体会、去适应、去想象、去接受。多说"忙得很""时间不够用"，会让人觉得你很成功，也很自信。在这种情况下，对方会在心理上很珍惜与你见面的机会。相反，随叫随到的人则很容易让人觉得他是泛泛之辈，除非对方非常了解你的价值。

更进一步地说，事业的选择也有必要遵循这种规律，注意保持自己的秘密。如果你希望自己在一个群体中得到充分的重视，就必须对外界保持一定的神秘，能动地为自己制造一些悬念。

换句话说，隐藏比暴露更占优势。许多时候，你的价值并不源于你自身给大家呈现了多少，而在于你还有多少没有被挖掘出来。关于这一点，西方大智者葛拉西安说得好："勿使所行之事公开亮底，出人意料的成功往往最能使人心悦诚服，过分明显的事既无用也无趣。不急于表态可使人们揣测不已。如果你的地位重要到能够引起人们的期待心理，则此种情况更是如此。神秘就是靠其神秘性来赢得敬重的。即使你必须道出真相，也最好避免什么都和盘托出。不要让自己在他人面前毫无保留。小心谨慎是靠小心缄默来维持的。你决心要做的事一旦披露，就很难获得尊重，反倒常常招致批评。如果事后结局不佳，你就更易遭到双倍的不幸。如果你真想获得人们的敬仰和敬奉，就学学那行而不言的神灵吧。"

事实的确如此。如果你将自己暴露得一览无余，那么别人看你将觉得索然寡味，就像是一本书一样，在被草草地翻过一遍后，内容就昭然若揭了；而如果书中的重要线索只是略微显露出一点端倪，我们要经过一段时间的领悟，才能彻底地把它搞懂，这样的作品往往会使人印象深刻。

戴高乐早就说过，"真正的领袖人物要幽居、伟大和超脱，要神秘，有时则要沉默寡言。"他本人也正是这样做的。戴高乐的政治智慧颇为符合人的心理特点：我们对神秘的事物，总是怀着兴奋的、变幻不定的、充满新意的感觉；我们的想象活跃起来，对富于吸引力的个性进行积极的想象；这些个性的最细微的言行都会得到我们热情的注意，并对我们产生影响。

我们必须认识到人的情绪的爆发是需要一个过程的。这个过程不能太长，也不能太短。一个能够留给人想象的空间、保持吸引力的方式要历经一个这样的过程：

首先，表现出一点神秘感，引起人的注意。做到这一点你就占据了一半的优势，至少是在心理上抢占了先机。其次，保持一定的距离，最好还有一点难度，有点挑战。不了解的事情总会带来一种神秘感，而悬念也会带来足够的重视度。人的心理总是具有征服和挑战欲的，你肚子里的东西含金量越高，那么他人的兴趣也一定会随之递增。最后，在适当的时机、适当的场合，稍微表露一些。步步为营的最高境界不在于取得了什么样的结果，而是在于引导他人顺着你事先铺好的路继续走下去。这是一条"牵引线"，它将激发人的激情，然后人们便开始领略、体悟、思考，接着是恍然大悟的兴奋，最后产生喜爱、愉悦之情。

请保持适当的距离，保守一定的秘密，以给他人足够的想象空间。如此，便会带给他人多一些悬念，多一点吸引。

第三章

正确的选择胜过一百次努力

【原文】

故忤合之道，己必自度材能知睿，量长短远近孰不知，乃可以进，乃可以退，乃可以纵，乃可以横。

【译文】

"忤合"的规律是：要首先自我估量聪明才智，然后度量他人的优劣长短，分析在远近范围之内还比不上谁。只有在这样知己知彼以后，才能随心所欲，可以前进，可以后退；可以合纵，可以连横。

【本章提要】

鬼谷子认为，处事机智灵活，才能变中取胜；只有敏捷多变，才能遇险不惊。很多时候，成功其实就像攀附铁索，失败的原因不是因为力量单薄，而是因为找错了支撑点，是错误的支撑点把人推入了失败的深渊。鬼谷子强调"良禽择木而栖，良臣择主而事"，人要学会选择，善于选择，只有不断选择才能跟上生活的脚步，才能实现更多的目标。

1. 良禽择木，选对你的团队

鬼谷子认为，古代善于运用背向之理、反忤之术的人，能够协和天下四方、联合诸侯各国，驱置于忤合之地，然后再设法感化人心、转换形势，使天下归心，求得英雄之主，开创新朝。所以，伊尹五次臣服商汤，五次臣服夏桀，最后顺合于商汤。吕尚三次臣服周文王，三次入事殷纣王，无法施展自己的抱负，最后终于顺合于周文王。他们二人都知晓天命的归宿，所以最终义无反顾，归顺了明主。

俗话说得好："人无头不走，鸟无头不飞。"大到一个国家，小到一个企业、单位，都有带头人在发挥着作用。他们是那里的"灵魂"，实属某一群体或事业无可替代的关键人物。如果不幸遇到不智之主，那么前途就很可能黯淡无光。

秦朝灭亡之后，项羽焚烧咸阳宫城，并自称西楚霸王。当时，项羽手下的一位有识之士劝他说："咸阳地处关中要地，土地肥沃，物产富饶，地势险要，您不如就在这里建都，这样有利于奠定霸业。"项羽一看眼前残破不堪的咸阳，哪还有都城的样子？而且他十分怀念故乡，想回到故乡去。所以他对那个人说："要是富贵了还不回故乡，就如同穿着漂亮的衣服在黑夜里行走，你的衣服再好也没有人看得见，有什么用呢？所以我还是要回江东去。"那人听了这话，觉得项羽沽名钓誉，不算英雄，就私下对别人说："人家都说楚国人是'沐猴而冠'，我以前还不相信，原来果真如此！"不料，这句话传到了项羽的耳朵里，他立即把那人抓来，投入鼎镬里活活烹死了。项羽刚愎自用，独断专行，他身边的许多谋士因此而归降了刘邦。这就注定了项羽最后四面楚歌、自刎乌江的结局。

高明的谋臣要善于看清形势，根据实际情况来选择适合自己的君主，这样才会建功立业，成就大事。鬼谷子认为，谋臣应该根据具体的事物和对象，确定具体的应对方法。实事求是，灵活应变，"反复相求，因事为制"，在正反的比较中求得自己合适的位置。

鲁肃，字子敬，临淮东城人。公元172年出生在一个大户人家中，生下来不久，父亲就不幸逝世。鲁肃的祖母和他住在一起，祖母非常喜爱这个聪明伶俐的小孙子，经常给他讲各种各样的故事。鲁肃最喜欢听的，是那些古代英雄豪杰的故事。

大概是因为没有父亲的严厉管教，鲁肃从小就形成了一种狂放不羁、轻财好义的性格。到了十七八岁，鲁肃已长成一个英俊潇洒、魁伟不凡的男子汉了。他拜名师，学剑术、骑射，招聚了上百名青少年，供给他们衣服和食物，带他们去南山打猎，把豺狼虎豹等猛兽当作敌人一样进行围歼，讲武习兵，号令严明，就像军事演习一样。为了将来能干一番大事业，鲁肃还刻苦读书，广泛地学习政治、军事、经济、历史、文学等方面的知识，尤其喜爱研究《孙子兵法》。

像鲁肃这样的豪杰，虽然有非凡的才能和一定的影响力，但在社会上并没有很高的地位，还不足以号召天下，称雄一方。因此，选择一位英明的君主，是他们实现理想和施展才能的关键问题。

当时势力强盛的袁术，一听说鲁肃的名声，就派人请他出来代理东城县长，鲁肃见袁术做事没有一套原则和办法，而且心胸狭窄，目光短浅，认为不值得跟这样的人共事，便毅然谢绝。然后，带着全家老小和归附于他的三百余青少年，南来居巢县投靠周瑜。

周瑜东渡长江，投奔"威震江东"的孙策。鲁肃跟他同行，把家小留在曲阿。恰逢祖母去世，鲁肃就护送灵柩，回到东城老家安葬。这时有个叫刘子扬的人，与鲁肃平时很有交情，写信给鲁肃说："当今天下的英雄豪杰纷纷崛起，像您这样的匡世之才，正好可以大用于今日，望您赶快把堂上老母接来，不要滞留在东城。近来有个名叫郑宝的人，在巢湖聚众起兵，手下已有一万多人，占据的地方又很肥沃富饶。庐江很多读书和闲散的人都去依附他，何况咱们呢？我看郑宝的发展势头还很兴旺，时机不可丢失，您还是赶快去吧！"

鲁肃觉得刘子扬的话很有道理，但究竟投靠谁，他还在犹豫。将祖母安葬完毕，鲁肃回到曲阿，正巧碰上周瑜已把鲁肃的母亲接到东吴去了。于是，鲁肃也到了东吴。他把从刘子扬那里听到的事情告诉周瑜，征求周瑜的意见。

此时是公元200年，孙策被人刺死，孙权还住在吴郡。周瑜劝鲁肃不要听刘子扬的话，鲁肃听从了周瑜的劝告，没有去投奔郑宝，而是留在东吴。过了不久，郑宝果然兵败，被刘晔杀死，这是后话。

周瑜对孙权说："鲁肃是个难得的匡世佐时之才，您千万不能让他投向别处去！"

孙权听了周瑜的推荐，马上举行宴会接见鲁肃。两人一见面就谈得十分投机，孙权心中大喜。宴会结束时，群臣纷纷告退，鲁肃也起身准备告辞。孙权却单独把他留下，合并坐席，面对面地继续饮酒。孙权与鲁肃密议道："现今汉朝危机四伏，天下大乱，我继承父兄遗业，很想建立像齐桓公和晋文公那样的功业。您既然来到我这里，打算怎样辅佐我呢？"

鲁肃回答说："过去汉高祖刘邦一心想拥戴义帝，最终不得实现，原因就在于项羽从中破坏。今天的曹操，犹如往日的项羽，您怎么能建立像齐桓公、晋文公那样拥护天子、号令天下的霸业呢？我私下分析，汉朝皇室不可能再复兴，曹操也不可能立即铲除。替将军您打算，只有立足江东这块地方，观察和等待天下局势的变化。江东的规模虽然不大，但也不要嫌它太小。为什么呢？北方现在是多事之秋，曹操自顾不暇，我们可以趁此机会铲除黄祖，进伐刘表，把整个长江流域统统纳入我们的版图，然后打出帝王的旗号以谋取天下，这正是汉高祖的功业啊！"

孙权想了一下，说："如今我在东南一隅竭尽力量，只是希望辅佐汉室而已，您刚才说的话，不是我所要做的。"这时的孙权能控制的地盘不大，只有会稽、丹阳、吴、豫章、庐江等五郡，而其中比较偏远和险要之地，还没有完全归附。哥哥孙策刚死不久，由他继承遗业，尚未完全站稳脚跟。当时东吴不少士大夫，对局势都持观望动摇态度，各自心里打着自己的小算盘。只有周瑜、鲁肃、张昭等人坚决拥护孙权。

鲁肃的一席话，对当时全国的形势作了精辟的分析，提出了一个首先巩固江东，然后夺取荆州，最后统一全国的战略方针。这同诸葛亮《隆中对》中的战略决策，在基本精神上可说是英雄所见略同，只是各为其主，立足点不同罢了。孙权起先只是想"挟天子以令诸侯"，在拥护汉室的前提下建立齐桓公、晋文公那样的霸业。鲁肃却认为汉室已不可能再复兴，明确提出要孙权学习汉高祖刘邦，成就统一中国的大业。这就显示出鲁肃的见识和眼光，比孙权略高一筹。当时在孙权和文臣武将中，明确提出逐步统一全国的战略方针的，只有鲁肃一人。这时的鲁肃年仅29岁，第一次见孙权，就为东吴未来的发展规划出了一幅宏伟蓝图。虽然统一全国的愿望最后没能实现，但巩固江东，夺取荆州，孙权在吴国称帝的战略目标毕竟都达到了。这些足以显示鲁肃作为一个谋士的远见卓识，以及运筹帷幄的政治军事才能。

也许孙权当时确实没想到要当皇帝，也许想到了故意不动声色，所以才说出相反的话来。但不管怎样，从此以后孙权对鲁肃确实格外赏识，另眼相看。

鲁肃最终效力于孙权也是通过反复比较、权衡才做的决定，这一系列过程正是对"反忤术"的运用。

古代的仁人志士，无不希望自己遇到英明之主，好充分发挥自己的才干。所以就有了"良禽择木而栖""良臣择主而侍"的俗语。用今天的话来说，就是要找到一个好的平台，以发挥自己的才能，实现自己平生的抱负。

2. 求同存异，选好合作伙伴

　　人是社会性的动物。人生在世，免不了要与人合作。在鬼谷子看来，如果合作的结果是让双方都得益，那就是成功的合作。若是一方受益，另一方受损，甚至两方都受损，那就是失败的合作。与人合作，我们一定要谨慎行事，以免误人害己。

　　一则寓言中说，青蛙爱上了老鼠，它想时时刻刻都和老鼠在一起。于是，青蛙把老鼠的脚和自己的脚绑在了一起。刚开始，它们在地面上行走正常，还能吃到谷子。可后来，当它们来到池塘边时，青蛙一下子就跳进了水里，当然也把老鼠拖下了水。青蛙在水里玩得高兴，而可怜的老鼠不会游泳，淹死了。最后，老鼠的尸体浮上水面，它的脚仍然和青蛙绑在一起。一只老鹰发现了老鼠，便冲向水面，抓起老鼠。而青蛙也被提出水面，成了老鹰的美食。

　　不恰当的合作，就像这则寓言中的青蛙和老鼠，只会给双方带来损失。但如果双方都受到了同一种威胁，面临危境，则合作的可能性比较大。

　　三国时的"孙刘联盟"就是最明显的例子。

　　当时，曹操占据北方，进逼江东，向孙权下战书。孙权在势不可当的曹军面前，处境非常孤危，加上东吴内部投降派势力甚嚣尘上，孙权进退维谷。这时，他恰好遇到被曹操战败、处境同样孤危的刘备。孙、刘二人都具备刚柔相济的品格，且具有审时度势、善于权变的策略，虽然两雄不并立，都有争天下的雄心，此时却不得不精诚合作、共渡危难，终于，他们赢得了赤壁之战，使彼此得到保全。

读《三国演义》，可知孙刘联盟的破灭，蜀将关羽难辞其咎。三国形成时期，刘备争夺西川进入白热化的阶段，由于庞统战死，刘备召诸葛亮入蜀辅佐，留下性情稳重的关羽守卫荆州。诸葛亮临走前，对关羽反复强调八个字：东联孙吴，北拒曹操。但是自负的关羽却没有听从诸葛亮的意见，不断和东吴发生冲突。吴主孙权想和关羽结亲，特意派诸葛亮的哥哥诸葛瑾当媒人，以为关羽会给点面子，结果却被关羽一通臭骂。这件事彻底改变了孙权的立场。就在关羽"北拒曹操"，攻拔襄阳、水淹七军的时候，吴将吕蒙却在背后偷袭荆州，生擒了关羽。关羽当然不肯投降，最后惨遭斩首。这就是"大意失荆州"的故事。

按常理来说，孙权提出与关羽结亲，是巩固孙刘联盟的一大契机，符合刘备集团的根本利益。关羽即便不同意，婉言谢绝即可，何必出言不逊，大伤和气。可以说，关羽这种"拒吴抗曹"的做法，完全打破了诸葛亮的"联吴抗曹"的计划，不但自己身首异处，还直接导致了蜀国的败落。关羽"乃万人之敌，为世之虎臣"，是一员武艺高强并有一定谋略的宿将，但"刚而自矜"，不善与人合作，是他最致命的弱点。襄樊战役使蜀汉彻底退出了荆州争夺战，绝非"大意"二字可概括，关羽一生中最大的胜利与一生中最大的失败，前后只有一百多天，在其威震华夏之时，其自身因素和外因的作用，使他过早地结束了自己波澜壮阔的英雄人生。

孔子说："道不同，不相为谋。"意即为志向不同，不能一起谋划共事。真正默契的合作，应该建立在共同的思想基础和奋斗目标上，大家一起追求、一起进步。如果没有内在精神的默契，只有表面上的亲热，这样的朋友是无法真正沟通和理解的，也就失去了做朋友的意义。

管宁和华歆是三国时代的两个名士，他们年轻时曾是非常要好的朋友。有一次，两人一同在菜园里锄地，从土地里刨出一块金子，管宁不予理会，照旧挥动锄头，继续劳动，跟锄掉瓦石一样。而华歆却把金子拿在手里，把玩了一会儿才扔出去。还有一次，两人同坐一张席子读书，见有人乘着华丽的车辆从门前经过，管宁照旧读书，而华歆却搁下书本出去观望。于是，管宁割开席子，分开座位，说："你不是我的朋友!"这就是"割席断交"的典故。

即便是利益一致的合作者，也难免出现意见分歧。分歧进而转化为矛盾，甚至是互相攻击，结果难免"两败俱伤"。静下心来想想：这又何必呢？有时候，不必非用强硬的手段要求别人与自己步调一致，换个态度，大家都彼此礼让三分，事情办得就会顺利许多。

合作各方之间遇到矛盾，不要先找不同，而要先寻求共同点，只有寻求到共同点，才能找到解决问题的办法。尊重多元化、异中求同，才是社会进步和人类发展之道。

寻找合作伙伴，本身就是一个考验你的眼光与能力的行为，你的标准是否合适、判断是否准确、了解是否全面，直接决定了合作是否能够顺利。尽量在每一次合作中重视对方，吸取经验，给你的合作伙伴留下良好的印象，这样既会提升他人对你的好感，也为你们下次合作预留了空间。

以下十条标准，可以帮你迅速断定对方是否适合当你的合作伙伴。

（1）你是否了解自己

在寻找他人之前，你首先要了解自己，你的个性如何，你的喜好是什么，你的原则和底线又是什么。你擅长什么，能力如何，是否有协调性，你的优势是什么，劣势是什么……如果你不能对自己做出一个全面准确的判断，那么你就很难知道自己究竟需要什么样的合作伙伴。

（2）双方目标是否一致

合作能否成功，关键在于双方的目标是否一致，目标一致，你的竞争对手也能成为你的合作伙伴。这个目标既可以是短期的小目标，也可以是长期的大目标。只要目标一致，预计的结果能够让双方有所收益，你们就有合作的可能。

（3）对方能力如何

不仅要准确地估计自己的能力，还要全面地调查合作者的现状和能力，如果双方的实力旗鼓相当，往往能产生不错的合作效果。考察对方能力的时候，既要看到对方过往的成绩，也要看到他现在的状况以及未来的发展潜力。不要单凭对方的一面之词就草率地决定合作。事前考虑好过事后懊悔。

（4）你能否与对方沟通

即使你们能力相当，你也要弄清楚你们是否容易沟通，是否会出现鸡同鸭讲的情况。如果你们不能准确快速地理解对方的意图，如果你们对目标的具体理解存在很大差异，那么在事情执行的过程中，你们很可能因为沟通不当而造成合作破裂。沟通不当造成的失败没有任何意义，所以，在事前确定双方是否能够很好地沟通至关重要。如果双方没有沟通的意愿，都喜欢自行其是，无法做到步伐统一，那这样的合作不要也罢。

（5）是否有根本利益冲突

即使目标一致，也不代表合作能够进行到最后。如果双方有根本性冲突，合作早晚面临破裂。所以，如果你与你的合作者有根本性冲突，可以考虑选择其他合作者；如果必须与其合作，就要小心行事，步步观察。

（6）对方的人品如何

合作者的人品是你必须慎重考虑的因素，他是否讲原则、重承诺、守信用，是保证你们顺利合作的前提。此外，最重要的一点是合作者的责任感，他是否能够与你一起承担事业的风险，在困难的时候，有责任感的人不会弃你于不顾，和一个有责任感的人共事，就等于给这份合作上了份保险，即使失败，也不是由你一个人承担。

（7）双方是否有互补的一面

合作，是一个取长补短的过程，如果你们之间有互补的一面，只要彼此充分发挥自己的优势，就能实现最佳的资源配置，所谓"1+1>2"。如果能在合作的过程中学到对方的优点，对于自己的发展也有不可估量的益处。

（8）能否产生默契

合作双方要有默契，没有默契，会造成合作双方状况的紊乱，甚至造成不必要的误会。默契的基础在于信任，如果不能相互信任，就不会产生默契。所以，考察对方是否值得你信任，是判断你们之间能否产生默契的第一步。有了信任，再加上良好的沟通，产生默契并不是一件困难的事。

（9）对方是否有包容心

在合作中，难免出现错误。你必须判断当你出现错误的时候，对方是否能够包容你，那些能够原谅你的小错误，以大目标为前提继续合作的人，是你的首选合作对象。但是，如果一个人表示，他能够原谅你出现战略性、原则性错误，你千万不要与他合作。合作的目的在于互助与互相监督，如果他能够原谅你的战略性、原则性错误，就代表他并不重视这次合作，也代表你必须原谅他的这一类错误，这样的合作不利于成果的产生。所以，合作伙伴要有包容心，但是也不能一味包容。

（10）是否能够接受彼此的缺点

合作伙伴不会十全十美，你如此，他也一样。你们有相同的目标，互补的能力，还有一个很关键却也很容易被忽视的问题：你们愿不愿意接受彼此的缺点。

接受彼此的缺点，就是接受对方身上你根本无法赞同的部分。你愿意为这份合作做出让步或妥协，以保证结果的顺利。如果无法接受对方的缺点，合作过程势必会有摩擦，很可能导致合作的破裂。

3. 选对朋友，也就选对了人生

鬼谷子说的"结而无隙"，是说朋友之间要团结一致，防止出现不必要的隔阂，否则就可能导致事业不顺，给双方都带来危机。

战国时候，蔺相如代表赵王出使秦国，完成了"完璧归赵"的壮举，又在渑池会上为国争光，立下大功，被赵王任命为上卿，职位比大将廉颇还要高。廉颇很不服气，私下对自己的门客说："蔺相如爬到我头上来了。哼！我要给他点颜色看看。"一天，蔺相如坐车出门，瞧见廉颇的车马迎面过来，就叫车夫退到小巷里，让廉颇的车马先过去。蔺相如手下的门客气坏了，纷纷要求离开。蔺相如挽留他们，说："你们说，秦王和廉将军谁更威风？"门客表示当然是秦王威风。蔺相如接着说："秦王那么威风，我都敢当面指责他，我又怎么会怕廉将军呢。我是怕秦国知道我们两人不和，趁机来攻打我们。"廉颇听到这话后，感到十分惭愧。于是他光着上身，背上绑着荆条，到蔺相如家请罪。蔺相如连忙扶起廉颇，两人从此成为生死之交。

这则"将相和"的故事传颂千古。蔺相如面对不可一世的秦王，仗义执言，毫无惧色；而面对盛气凌人的廉颇，则为顾全大局，理智地选择了忍让。因为他清楚地知道，盟友间的不和会给敌人带来可乘之机，给自己招来灭顶之灾。当然，老将廉颇先矜后悔，"负荆请罪"，其胸怀之坦荡也同样令人敬仰。如果天下的同盟者都有蔺、廉二人这样的胸怀，又何愁不能同舟共济，共创一片天地。

荀子说："蓬生麻中，不扶而直；白沙在涅，与之俱黑。"就说明了朋友间的影响是十分巨大的。因此，在交朋友之前，除了自身保持中正之外，还要注意所交朋友的人品。以防止所交非人，对自身造成某些潜移默化的不良影响，进而影响到以后人生道路的选择。

有一则寓言，说驴子和狐狸共同去打猎。它们在路上碰到了狮子，狐狸一看情况不妙，立刻向狮子许诺说："如果你不吃我，我可以把驴子交给你。"狮子答应了。狐狸把驴子引到一个陷阱里。狮子看到驴子已经逃不掉了，就先把狐狸吃掉，然后再去吃驴子。可见，像狐狸这样出卖朋友的人，是不会有好下场的。

选择朋友，其实就是在选择自己未来的人生！"益友"，就相当于人生路上可以用来遮蔽风雨和歇脚的驿站；"损友"，就相当于人生前进路上你跌倒的时候落井下石的小人。孔子说："君子喻于义，小人喻于利。"意思就是说，看重道义的就是有益的朋友，只重视利益的就是有害的损友。选择朋友的时候不妨以此为参考标准，在遇到事情的时候，注意观察，就可知道所谓的朋友是"益友"还是"损友"了。

有两个朋友一起赶路，其中一个人拾到了一把斧头。另一个人对他说："我们拾到了一把斧子。"那人回答说："不是'我们拾到了'，而是'我拾到了'。"过了一会儿，斧头的主人追上了他们，要回了斧头。拾到斧子的人对同伴说："唉，我们完了。"另一个说："你不要说'我们完了'，而要说'我完了'，因为你一开始就没有把斧子当成我们共同的东西。"可见，为了利益而不顾朋友的人，在其困难的时候也是会被朋友抛弃的。

如果是不同的集团结成联盟，就更需要加强团结，否则难以发挥联盟的力量。春秋时期，诸侯割据，随着秦国的日渐强大，联合抗秦成为各国共同的选择。

有一年，晋将荀偃为统帅，率领鲁、齐、卫、郑等国联军向秦进发，在棫林与秦军僵持了很长时间。荀偃见联军以众击寡却难以取胜，一时情急，没有和各国将领商议，就下达了一道命令："明天早晨鸡一叫，全军就要驾马套车，拆掉炉灶，许进不许退，唯我马首是瞻！"魏国将领栾黡听到荀偃的命令，非常反感，气愤地对手下军士说："荀偃的命令太过专权独断，根本不把魏国放在眼里！好，他的马头向西，我偏要向东，看他能怎样？"于是，栾黡率领魏军回国去了。其他各国将领看到这种情况，谁也不跟荀偃进攻秦国了，全军顿时混乱起来。荀偃此时虽后悔不已，但军心已经涣散，只得沮丧地下令撤兵回国。

诸国军队集合在一起，浩浩荡荡，貌似强大，但人心不齐。俗话说："人心齐，泰山移。"但如果各怀私心，失败就成为必然。荀偃破釜沉舟的勇气值得肯定，但他忽视了收拢人心，忽视了联盟团结合作的重要性，从而导致了最终的失败。

"结而无隙"四字，是我们交友的一个基本原则，应该成为我们每一个人的座右铭。

4. 借力是成功的滑翔机

鬼谷子认为，从军事观点来看，当敌我双方势均力敌之时，突然有一支新的强大部队，以第三者的态势出现，这必将是一个决定胜负的重要因素，所以必须想方设法加以利用。同样，当一个国家容许他的邻国无限制地扩张势力，而不加以阻止时，那么，它的衰落将相随而至。所借于敌的，可谓多矣。行借之法时，要突显"智""巧"二字。

再高的人有时也需要踮脚，再矮的人有时也需要屈身。聪明的人都知道自己的头脑是有限的，而且明白别人总有比自己强的地方。凡事不能只靠自己的力量，学会适时地依靠别人，是一种谦卑，更是一种智慧。借力最重要的是借他人之智，使之为自己服务。除此之外，还要留心他人的谈话、见解、策略，等等，要思路开阔，眼观六路，耳听八方，要有意识地接受外界的各种启迪。别人的思路可能引导我们改变习惯性的旧思路，别人的观点也可能使我们产生新观点，最终转化为高明的计谋。

"借力"是一支生花妙笔；是以少胜多，以弱胜强的方略；是剧增力量，省力增效的秘诀；是四两拨千斤的诀窍。善借力者易成事。要想成就事业，就要善于预先谋划，然后要学会借助他人之力实现自己的目标。所以鬼谷子讲："常有事于人，人莫能先。先是而至，此最难为。"

"平素术"是因鬼谷子的"有以平素之者"而得之，它也是一种权术。"平素术"是利用人们的思维定式来做成事情。在现代经商活动中，此术运用得也比较广泛。

商人的天职就是赢利，而且是以最小的投资赚回最大的利润。不过，有许多人或许会持怀疑态度，认为投资最小的钱获取最大的利润是可望而不可即的梦想。事实果真如此吗？显然不是。其实，许多人对此之所以持怀疑态度，主要是因为传统的思维束缚了他们的思想。只要能转变思维，掌握市场，抓住机遇，确实不需要投资太多的本钱，就可以赚回最大的利润。

美国加利福尼亚州萨克门多有一个年轻人，他是靠做家庭用品通信销售起家的，他最终取得经商的成功靠的就是典型的投资小钱赚回大钱这一招术。开始，这个年轻人在一家一流的妇女杂志上刊载了他的"1美元商品"广告，所刊登的供货商都是有名的大厂商，出售的产品都经济实用。

其中20%的商品上货价格都高出1美元，60%的商品上货价格刚好是1美元。所以杂志广告一刊登出来，订购单就纷纷而至。

他没有用任何资金，这种方法也不需要资金。只要在接到客户汇款后，去买货，然后再把它送往全国各地就行了。

当然，收到的汇款越多，他便亏损得越多，有人说这不是典型的傻瓜吗？错，他一点儿也不傻，他在寄商品给顾客时，再顺便寄去20种3美元以上100美元以下的商品名称和商品说明，再附上一张空白汇款单。

这样卖1美元商品虽有些亏损，但他以小金额的商品亏损赢得了顾客的信任，一个人一旦有了信用，许多难题就会迎刃而解。顾客就会信任他，所以也愿意买他的其他商品。这样，昂贵的商品不仅弥补了1美元商品的亏损，也使他获取了很大的利润。

就这样，他的生意越做越红火，一年之后，他成立了一家通信销售公司。三年以后，他的公司规模已经很大了，雇用了50多个员工。1974年，他们公司的销售额高达5000万美元。在这样的鼎盛时代，他还不过是一个29岁的小伙子。

世界船王丹尼尔·洛维格原是个普通船工，已过而立之年的他把一艘老式油轮翻新后，租给一家石油公司，然后靠这艘旧船，从银行贷到了第一笔资金。接着他用这笔资金又买了一艘旧船，并改装成油轮租出去。后来，他又以同样的方法，用第二艘油轮作抵押，从银行贷了一笔款，跟着又买了一艘货船改装成油轮，再租出去，如此反复循环。后来，洛维格靠租金还清了贷款，拥有了当时世界上最庞大的船队，确立了他世界船王的地位。其实说到底，洛维格成功的方法很简单，就是"借"上了石油公司和银行，从中获得了自己的利润空间。

而另一些典型案例可能就发生在你身边，在当今这样一个充满变幻的时代，我们每一个个体都是势单力薄的，许多人都在苦苦寻觅，希望能够找到一些借力成功的方法。

在当今世界，市场竞争尤为激烈，许多企业经营者由于受资金、设备、人才、技术等客观因素的限制，不能一下子就达到预想的目标。上述事例告诉我们，自己没本钱不用着急，可以先用别人的钱建立信誉，然后买空卖空，这样也可获得成功。

5. 善于借力，但不依赖

鬼谷子所说的"忤合之道"，绝不是风吹两边倒式的"骑墙"，而是有原则、有立场的行为。

有一个流传很广的寓言故事，说在一片茂密的大森林里，住着许多动物，其中有鸟有兽。有一天，鸟类和兽类因为一个误会打起架来。刚开始，鸟类占了上风。蝙蝠急忙飞过来，对鸟儿们说："你们看，我有一双翅膀，所以我是鸟。"于是站到了鸟类这一边。可没过多久，兽类又占了上风。蝙蝠一看情况有变，又急忙从鸟类的队伍里跳出来，对野兽们说："你们瞧，我有牙齿，所以我是真正的兽啊。"说完又加入了兽类的队伍。后来，鸟类和兽类消除了误会，大家和睦相处。蝙蝠不知该站在哪一方好了。这时，大家都已看清蝙蝠两面派的嘴脸，明白了它的欺诈行为。于是，鸟类和兽类都裁定蝙蝠有罪，把它赶出阳光之外。打这以后，蝙蝠总躲藏在黑暗中，不敢露面，到了晚上才独自出来。

那些善于变化嘴脸的"人中蝙蝠"，最终也不会有好下场。在历史上，就有很多因两面三刀而落得悲惨结局的例子。战国末期，七雄并立。秦国兵力最强，但齐、楚结盟，秦国无法取胜。秦相张仪带着厚礼拜见楚怀王，说秦国愿意把商於之地六百里送与楚国，只要楚国能绝齐之盟。楚怀王一听，觉得有利可图，于是不顾大臣的反对，痛快地答应了。后来，楚怀王派人到齐国，大骂齐王，于是齐国与楚国断交，与秦国结盟。这时，楚怀王派使者找到张仪，说起送商於之地一事。张仪却不认账了，只说当初答应的是自己在商於的封地六里。楚怀王大怒，发兵攻秦。在秦、齐两国的夹击之下，楚军大败，秦军尽取楚汉中之地六百里。后来，楚怀王又轻信秦国的话，入秦结盟被扣，终于客死秦国。

联齐抗秦，是楚国能够自保的有效方式，可楚怀王贪慕纵横家张仪允诺的六百里土地，与齐绝交，后又怒而出兵，大败而归，反而丢了六百里土地，在历史上传为笑柄。楚怀王的悲剧，就在于他立场不坚定，一味攀附强秦。

有时候，若自己的力量柔弱，做不了大事，就应暂时依附于人，借此权宜之时好好培养自己的能力，相机而动。清朝的康熙皇帝就深明此理，在自己实力弱小，还没有把握的时候，就只是装作懵懂顽童，任由鳌拜把持朝政，处理国家大事。而待自己能力达到且时机成熟了，就一举消灭鳌拜，夺回政权。反之，如果康熙一开始就向鳌拜要权，恐怕早就身遭不测了！

在现代商业领域，企业与企业之间的联合也是司空见惯的事情，但并不是所有的联合都会有好的结果。即使是好的联合，也不是所有的联合方都能获益。只有那些目标坚定、不丧失立场的企业，才能从联合中获得实实在在的利益。

第二次世界大战结束以后，美国在西方世界市场上处于绝对的主导地位，各国的产品要想进军世界市场，首先要在美国市场"打响"。但是，要在美国市场上出人头地，实在是难上加难。1955年，日本的佳能公司在美国成立了分公司。它与美国一家富有销售经验的贝尔·哈威尔公司合作，以"贝哈·佳能"的商标，把照相机推向美国市场。几年以后，佳能又将其首创的自动电子曝光照相机投放美国市场，在喜新厌旧的消费者中大出风头。佳能则利用这一契机和贝尔·哈威尔公司脱钩，正式以"佳能"的名牌商标在美国市场上独领风骚。到20世纪90年代初，佳能公司年产相机数百万架，约占全日本产量的三分之一，且绝大部分行销世界各地。

可见，在当今错综复杂的商战中，智高一筹的经营者，因其善于有目标性地联合，常可收到"与人分利己得利"的效果。

在现实生活中，我们要想把事情办好，有时难免要借助他人之力，但也不能过度依赖。正所谓"世无常贵，事无常师"。所以，自己的路，还是要由自己的脚一步步走出来。

6. 选择战略时，要注意扬长避短

鬼谷子认为，在古代战争中，将帅在考虑问题时，应该兼顾利害。战争中的利与害，亦虚亦实，互相依存，互相转化，是对立统一的关系，贯穿于战争的全过程。在实施作战指导时，应根据利害关系决定策略，充分发挥我之长处，避开我之短处。

一则寓言里说，狐狸和鹤交上了朋友。一天，狐狸把鹤请来吃晚饭。它仅做了一点儿肉汤，并把汤倒在一个平盘里。鹤每喝一口，汤就从它的长嘴中流出来，结果鹤什么也吃不到。鹤生气极了，可狐狸却在一旁偷着乐。鹤打算也戏弄狐狸一回，就邀请狐狸明天到它家里吃饭，狐狸也答应了。第二天，鹤用一只长颈小口的瓶子来盛饭菜，鹤很容易地把嘴伸进去，吃得津津有味。狐狸一看，傻了眼，自己的嘴比杯子还粗，怎么能吃到饭菜呢？它知道自己遭到了鹤的报复，只好红着脸溜走了。

狐狸和鹤这对朋友，都在充分发挥自己长处的同时，抓住对方的短处，相互戏弄了一把。这个故事在谴责了不厚道的朋友的同时，也告诉了我们一个"扬长避短"的道理。

公元前204年，韩信背水一战消灭赵国后，想乘胜北击燕国，东伐齐国，乃问计于李左车。李左车说："你一日内大破赵国军队20万，闻名天下，这是你的长处。然而，你的军队苦战疲劳，以劳军攻坚，必然挫败，不能速决。燕国攻不下来，齐国就可以加强防御，这是你的短处。会用兵的人，不以短击长，而以长击短。现在最好一面休整军队，一面摆出要进攻燕国的样子，同时派人宣扬你的军威，去招降燕国，燕国不敢不投降。一旦燕国投降，齐国就不得不屈服了。"韩信权衡利害，感到此计甚妙，因此听从了李左车的建议，燕国果然投降。

韩信听从李左车的建议，在充分考虑利害关系的基础上，扬长避短，最终招降燕国，达到了不战而屈人之兵的目的。

"扬长避短"的原则在言谈论辩当中，也常常能发挥很大的作用。

林肯任总统后在参议院发表演说，一位参议员站起来说："林肯先生，在你开始演讲之前，我希望你记住，你是一个鞋匠的儿子。"林肯说："我非常感激你使我想起我的父亲，他已经过世了，我一定会永远记住你的忠告，我永远是鞋匠的儿子。我也知道，我做总统永远无法像我父亲做鞋匠做得那么好。"他又转头对那个参议员说："就我所知，我父亲以前也为你的家人做鞋子，如果你的鞋子不合脚，我可以帮你改正它。虽然我不是伟大的鞋匠，但是我从小就跟在父亲身边，学到了很多做鞋子的艺术。"林肯的话得到了会场一片掌声，那位出言不逊的参议员惭愧地低下了头。

林肯出身贫寒，在美国上层社会的一些名流眼中，这绝对是一个短处，甚至是一个污点。即便林肯已贵为总统，还是难免遭受别人的嘲讽。林肯没有就出身问题与对手辩论，更没有以同样的语气向对手回击，而是深情款款地回忆了自己的父亲，以自己的气度和真情打动了所有人，使他的反对派们都为之折服，完全忽略了他出身贫寒的事实，达到了扬长避短的效果。

下面这个士兵与将军竞选议员的故事，结局是明显处于劣势的士兵当选了，让我们来看看他是如何取胜的。

这次竞选发生在美国南北战争之后，候选人有两位，一位是内战中的英雄陶克将军，另一位是内战中的士兵约翰·爱伦。陶克将军功勋卓著，曾任过三次国会议员，他在演讲时说道："同胞们，就在十七年前的昨天晚上，我带领军队在茶座山与敌人进行了一场血战，然后我在山上的丛林里睡了一宿。假如大家还记得那次艰苦卓绝的战斗，请在投票的时候，也不要忘记那历经艰辛、风餐露宿而屡建战功的人。"陶克将军想借此唤起选民们对他的充分信任，果然激起了一阵热烈的掌声。轮到约翰·爱伦演讲了，他说："同胞们，陶克将军说得不错，在那次战争中他确实立下奇功。我当时是他手下的一名士兵，替他冲锋陷阵，出生入死。当他在丛林中安睡时，我正手携武器，站在荒野上迎着刺骨的寒风，来保护将军。"他的话音一落，选民们给予了他更加热烈的掌声。论战绩，爱伦当然与将军相差太远，但他巧妙地避开了这些话题，扬长而避短，只就露宿山上的这一晚来讲。他的话提醒选民们：将军虽然辛苦，却还可以在丛林中安睡，而我一个无名的士兵则要为他站岗。爱伦的话，赢得了选民们的深切同情，也拉近了他与占选民绝大多数的平民的距离。最终，爱伦如愿当选了议员。

扬长避短是一种智慧。在生活中，人人都需要这种智慧。

7. 人弃我取，反向选择的妙用

鬼谷子认为，世间之事所处的环境、形势，无时无刻不在千变万化的动荡发展中，所以就计谋来说，有一定的"指导形态"，但并无固定的不变模式。高明的谋士在于吃透各种计谋的精髓，从而根据所面临的具体事件、所处的具体环境而做出相应的变化。

公元前627年，晋文公去世。这一年，郑文公也去世。当年，秦国曾派三位将军率领两千军马为郑国守城。守城将军偷偷派人跑到秦国，报告秦穆公说："我们掌管着郑国北门的防务，您要是发兵前来偷袭郑国，来个里应外合，郑国就是咱们的了。"

秦穆公接到密报，和大臣们商量。两位有经验的老臣蹇叔和百里奚都不同意偷袭郑国。他们说："咱们的军队跑那么远的路去袭击郑国，会弄得疲劳不堪。况且郑国离我们有一千多里地，兴师动众，千里跋涉，郑国能不知道吗？他们一定会做好抵抗的准备。这事干不得！"

秦穆公听了很不高兴，他认为自己帮助晋文公当上了国君，还让他当上了诸侯首领，如今说什么也该自己来当诸侯首领了。于是，他不听两位老臣的劝阻，任命孟明视、西乞术、白乙丙为主将，集合了三百辆兵车，偷偷地去攻打郑国。

蹇叔的儿子也在这支远征军里。大军出发那一天，蹇叔哭着对儿子说："真叫人痛心啊，我看着你们出发，再也看不到你们回来啦！"秦穆公十分生气，派人责备他说："你懂什么，你这个老糊涂虫！为什么扰乱军心？"随即命令大军出发。

三位将军率领大军往东前进，来到了与郑国交界的滑国（今河南省偃师县南）国境。这天，前边突然有人拦住去路，大声喊道："郑国使臣弦高求见将军！"

孟明视大吃一惊，心想："郑国怎么会派使臣到这儿来呢？"急忙叫人把弦高带来，询问他的来意。

其实，弦高只是郑国一个贩牛的商人。他赶着一群牛到洛阳去做买卖，路上遇到一位好朋友。从他口中听到秦国已经派兵进攻郑国的消息。他知道郑文公刚死，国内一定没有准备，便急中生智，一面通知传递公文的驿站回国报信，一面挑选了4张牛皮和12头肥牛，亲自赶着，朝秦军来的方向迎了上去。

孟明视见到弦高，有点怀疑，问弦高："你到这儿来干什么？"弦高说："我们国君听说将军带兵将到郑国来，特意派我前来慰劳，先送上这4张牛皮和12头肥牛做慰劳品，以表示我们的一点心意。"孟明视听说郑国已经得到消息，心里暗暗吃惊，只得一边叫人收下慰劳品，一边顺水推舟说是前来帮助郑国抵御晋国侵犯的。弦高说："我们郑国夹在秦晋两个大国中间，为了自己的安全，日夜小心地防守着，要是有谁来侵犯我们，不会让他得到什么好处的，请将军放心。"孟明视想了一会儿，只好改口说："我们这次来，是攻打滑国的，跟你们郑国没有关系。"说完，就把弦高送走了。于是，孟明视下令攻打滑国。西乞术、白乙丙闹不明白，孟明视说："咱们千里跋涉，就为了出其不意，和驻守郑国的秦兵里应外合灭掉郑国。如今，郑国已经得到消息，早就做了防御的准备，没有偷袭成功的希望。现在咱们冒冒失失去攻打人家，不但打不了胜仗，可能还要上当吃亏。不如打下滑国，抢些财物回去交差，也算没白跑一趟。"于是，秦军一举攻破滑城，灭掉了滑国。

再说郑穆公接到弦高的报告，大吃一惊，急忙派人去窥探秦国驻军的动静。只见秦军刀枪擦得雪亮，马匹喂得饱饱的，行李、车辆都已收拾妥当，准备随时行动。郑穆公看情况危急，赶快派人下逐客令："各位将军替我们防守北门，时间可不短了，我们的粮食、牛羊也快供应完了。现在听说贵国大将孟明视已经带兵到了滑国，你们要前去会合，就请便吧。"秦国驻军将领听了大吃一惊，知道进攻郑国的秘密已经泄露，郑人也已有了准备，眼看继续留在郑国无望，只得连夜逃往别国。

弦高急中生智，善抓时机，因敌人欲偷袭而制人，诈骗敌人，使郑国转变了被动挨打的局面，是一次"反忤术"的成功运用。

生活中，许多事情如果我们能够反其道而行之往往会比按部就班去做得到的效果更好，这也就是鬼谷子先生所说的"化转环属""忤合之而转化之"。经商领域自然也不例外。

"忤合术"，是关于事物对立与顺合的一种方法，它在鬼谷子的思想中占有非常重要的地位。无论是在古代还是现代，此术都得到了比较广泛的应用。而且在现代经商领域，其运用也较为普遍。在经商活动中，要想让"忤合术"发挥最大的效用，就必须懂得"趋合""背反"的真正内涵，以及二者之间相互转化的关系。并且在形势对自己不利的情况下，果断地运用"迂直相间"的计谋，做到曲中见直、直中见曲，从而转患为利，丰富自己的经商本领，最终达到经商获利的目的。

事物总有其两面性，别人放弃时，可能就是你捡起的最好时机。当众人都说其无用时，也许这是一块金子。这不仅需要火眼金睛，更需要虚虚实实、回环反复的心理。不要轻信，不要绝对，才有可能变废为宝，发家致富。

第四章

隐匿深藏，才能克敌制胜

【原文】

故先王之道阴。言有之曰："天地之化，在高与深；圣人之制道，在隐与匿。非独忠、信、仁、义也，中正而已矣。"道理达于此义者，则可与言。由能得此，则可与谷远近之义。

【译文】

所以，圣人是主张用"阴道而阳取"的谋略来治理人世的。古代有句名言说："天地的运转变化在于高深莫测，圣人立身治世在于隐而不露。不单单讲求忠诚、守信、仁慈、正义，而在于使自己的思想和行动不偏不倚。"只有彻底认清这种道理的真谛，才能游说他人。如果双方都谈得很投机，就可以发展长远的和目前的关系。

【本章提要】

鬼谷子认为，"谋"术有两个重要原则，一是要立足实际，即所谓"谋生于事"，因此在计谋之前，必须详细掌握事情的真相和规则，并处理好奇与正的关系；二是要行事隐蔽，即所谓"圣人之道，在隐与匿"。智者用计无不追求隐而不露，只有愚人才会将所谋之事大肆张扬。

1. 韬晦待机，促使身心成熟

鬼谷子所说的"圣人谋之于阴"，说的是圣人言行谨慎，做事不张扬，只有这样，才能"主事日成""主兵日胜"。

一个人锋芒太露，很容易招致他人的嫉恨，并最终为自己带来祸患。孔子谆谆告诫要"温、良、恭、俭、让"，实际上也就有深藏不露的意思在内。《周易》说："君子藏器于身，待时而动。"无此器最难，而有此器却不思待时，则锋芒对于人，只有害处，不会有益处。为人处世低调一些，没有什么祸患能主动找到身上来的。如果处事太过张扬，那就会引火烧身。

古语有云："木秀于林，风必摧之。"太过招摇，并不是什么好事。"人怕出名猪怕壮"说的也是这个道理！深藏不露的人，表面上看来好像他们都是庸才，胸无大志，实际上只是他们不肯在言语上露锋芒，在行动上露锋芒而已。因为他们有所顾忌，言语露锋芒，便要得罪旁人。得罪旁人，旁人便成为阻力，成为破坏者；行动露锋芒，便要惹旁人的妒忌，旁人妒忌，也会成为阻力，成为破坏者。表现本领的机会，不怕没有，只怕把握不牢，只怕做的成绩不能使人特别满意。

俗话说："人不可貌相，海水不可斗量。"这就告诫我们：人的外表并不代表着才情、能力，成大事者不在其貌！齐相晏婴身高不足五尺，却历任齐灵公、庄公、景公三朝相国，成为春秋后期一位重要的政治家、外交家。司马迁曾将他比为管仲，推崇备至，用"不辱使命，雄辩四方"八个字来形容他的外交活动。三国时代的庞统很有才华，人称"凤雏"，与"卧龙"诸葛亮齐名。庞统为人朴质，容貌丑陋，年轻时一直没人赏识他。赤壁之战时，庞统避乱于江东，被鲁肃推荐给周瑜，入曹营献"连环计"，致使周瑜火攻成功。周瑜去世后，诸葛亮借吊孝之际拉拢庞统，同时鲁肃也将庞统推荐给孙权，但孙权嫌庞统容貌丑陋，态度傲慢不予重用。于是庞统往荆州投靠刘备，初为县令，不理政事。刘备听了诸葛亮的推荐，召见庞统，两人纵论上下古今。刘备发现庞统才华横溢，对他大为器重，遂拜庞统为副军师中郎将，与诸葛亮共商方略，教练军士。

世界是多彩多姿的，每个人的人生道路也是不同的。人生道路既有顺境，也有逆境，而且逆境往往多于顺境。俗话说："人生不如意事十之八九。"因此，要想生存在这个变化无常的世界里，就必须学会而且要善于"忍"。

忍可以促使一个人的身心成熟，以便大展宏图。许真君曾说："忍难忍事，顺自强。"昔日韩信受"胯下之辱"的时候显示了巨大的忍耐力，尔后才官拜淮阴侯。司马迁受宫刑后，以超乎常人的忍耐力压制住不幸的苦痛，终于完成了旷世之作《史记》。

老子曰："大直若屈，大智若拙，大辩若讷。"因此，身处逆境之时，应通晓时事，沉着待机，这才是智者的做法。"伏久者飞必高，开先者谢独早。"只有长久潜伏下来，才能成就大事，才能不鸣则已，一鸣惊人。如果迫不及待地感情用事，只能坠入万劫不复的深渊之中。懂得了这个道理，也就通晓了忍的功效。杜牧的《题乌江庙诗》对此可说是很有见解，"胜负兵家不所期，包羞忍辱是男儿。江东子弟多豪俊，卷土重来未可知。"因此，大智者应知为何而忍，只要抱定这种信念，忍而后发，卷土重来未尝不可。

《涅经》云："昔有一人，赞佛为大福德，相闻者，乃大怒，曰：'生才七日，母便命终，何者为大福德？'相赞者曰：'年志俱盛而不卒，暴打而不嗔。骂亦不报，非大福德相乎？'怒者心服。"佛者认忍之性，使怒者心服，不也说明了忍的功用吗？

但人生并不能一味地忍，一味地忍就毫无生气可言了。那忍气吞声的原因是什么呢？俗话说："天有不测风云，人有旦夕祸福。""十年河东，十年河西。"事物是不断发展变化的，因此人要忍受现在的痛苦，等候时来运转，所以人应该有远虑。

西汉时的韩信，是淮阴人，家里贫穷，没有事干。曾有个人欺侮韩信说："你虽然又高又大，喜欢佩带剑，其实内心怯懦。"并且当众辱骂韩信道："你若不怕死，就刺我一剑；如果怕死，就从我裤裆下钻出去。"韩信仔细看看，想了一下，俯身从那人裤裆下爬了过去，全街的人都笑韩信怯懦。

后来，滕公向汉高祖刘邦说起韩信，开始时刘邦不知道他，于是他就逃走了，萧何亲自追他，并对刘邦说："韩信是无双的国士，你要争得天下，非要韩信不可。要拜请他，选一个日子，要斋戒、设立坛位、完备礼教才行。"刘邦答应了他，拜韩信为大将军。

中国有句俗话："大丈夫能屈能伸。"讲的便是大将韩信胯下受辱的故事。小不忍则乱大谋，为人切忌心高气傲。正是韩信的巨大忍耐力，使其功成名就。

历史上很多故事告诉我们，人必须具有宽容的胸襟，不要因小而失大。谚语说："得忍且忍，得诫且诫，不忍不诫，小事成大。"唯有这样才能成就大事；否则你趾高气扬，伸长脖子走路，必然让众人受伤。

2. 隐藏自己，学会自我保护

很多性格急躁、容易发脾气的人，一点小事都会触发他们敏感的神经，这样很容易得罪人，不利于人际关系的建立。在众人面前，我们应该把不良情绪隐藏起来，做不到一直以微笑示人的话，起码做到喜怒哀乐不要挂在脸上，心里有什么想法，不要轻易地显露出来，这样有利于保护自己。

隐藏，听起来有点不太光明磊落，然而隐藏不等于欺骗，它只是一种自我保护的方法。

比如，两军交战中，士兵们所穿的迷彩服，就是为了将自己隐藏在周围的环境中，不被对方发现保护自己。

再比如，经常逛街的女孩子，当她在商店里看见自己喜欢的衣服时，她会不动声色，更不会让店员猜出她究竟喜欢哪一件，而是耐心地与店员讨论其他衣服的优缺点，反复试穿。等到店员产生了倦怠，而不知道她是否真心想买时，她才拿出自己喜欢的那件，漫不经心地做出可买可不买的样子。这时店员为了做成一笔交易，往往会主动降低价格。倘若她刚进店，就表现出看中了一件衣服并急于想得到的样子，那么店员就会故意把价格抬高。

(1) 隐藏自己的隐私

隐私，就是不可对外人说的事情。隐私关系到一个人的人格尊严，而人格尊严是一个人在社会上生存交往的必要支撑，不然无法进入社会。在心理学的领域里，有一个词汇是"人格面具"。任何人都有人格面具，而隐私的侵犯将损伤人格面具。任何人的隐私被公布都可以形成心理的压抑和交往障碍。

小乔是一个才进公司的新人，工作做得很出色，就是整天没有一点笑容。公司的汪姐很热心地邀请小乔去吃饭，吃着吃着，汪姐就告诉了小乔自己的秘密。听着汪姐的这些事，小乔不禁愣住了，觉得汪姐就似一面镜子，和自己惺惺相惜。

于是，小乔也把自己的心事全都说了出来。原来，小乔爱上了自己的上司，上司没有明确表示拒绝，但也没有明确接受她，两人正处在一种暧昧状态中。汪姐安慰了小乔几句，她觉得好过多了。

可没多久，同事们都用一种奇怪的眼光看小乔。终于有一天，财务部的尤姐偷偷地对小乔说："你的事，大家都知道了！其实，你的事不该告诉汪姐，她是个大嘴巴，说她知道你的私事。"

小乔顿时觉得很尴尬，她的上司也因此有意地疏远她。没多久，小乔就在同事们的窃窃私语中，提出了辞职。

小乔的失败，原因在于她以为别人与自己有相同的遭遇，就轻易地说出了自己的秘密。不论对他人有多么的信任，都不应该将自己的隐私全盘托出。因为在秘密传递的过程中，难免会产生许多副作用。

（2）隐藏自己的情绪

在卡耐基《人性的弱点》中，有这样一篇文章：

某个政党有位刚崭露头角的候选人，被人引荐到一位资深的政界要人那里，希望这位政界要人能告诉他一些政治上获得成功的经验，以及获得选票的方法。但这位政界要人提出了一个条件，他说："你每打断我的话一次，就得付5美元。"

候选人说："好的，没问题。"

"那什么时候开始？"政客问道。

"现在，马上就可以开始。"

"很好。第一条是，对你听到的对自己的诋毁或者侮蔑，一定不要感到愤怒。随时都要注意这一点。"

"噢，我能做到。不管人们说我什么，我都不会生气。我对别人的话毫不在乎。"

"很好，这是我经验的第一条。但是，坦白地说，我是不愿意你这样一个不道德的流氓当选的……"

"先生，你怎么能……"

"请付5美元。"

"哦！啊！这只是一个教训，对不对？"

"哦，是的，这是一个教训。但是实际上也是我的看法……"资深政客轻蔑地说。

"你怎么能这么说……"新人似乎要发怒了。

"请付5美元。"

"哦！啊！"他气急败坏地说，"这又是一个教训。你的10美元也赚得太容易了。"

"没错，10美元。你是否先付清钱，然后我们再继续谈？因为，谁都知道，你有不讲信用和喜欢赖账的'美名'……"

"你这个可恶的家伙！"年轻人发怒了。

"请付5美元。"

"啊！又一个教训。噢，我最好试着控制自己的脾气。"

"好，收回前面的话。当然，我的意思并不是这样，我认为你是一个值得尊重的人物，因为考虑到你低贱的家庭出身，又有那样一个声名狼藉的父亲……"

"你才是一个恶棍！"

"请付5美元。"

这是年轻人学会自我克制的第一课，他为此付出了高昂的学费。

然后那个政界要人说："现在就不是5美元的问题了。你要记住，你每发一次火或者每对自己所受到的侮辱而生气时，至少会因此失去一张选票。对你来说，选票可比银行的钞票值钱得多。"

(3) 隐藏自己的底牌

刚进公司第一天，部门的主任就向同事们介绍："这是小威，我大学老师的儿子，以后大家要多多照顾。"

　　小威自己还琢磨着是否要保守秘密的时候，主任倒替他亮了底牌。同事们对小威的态度明显十分殷勤，就连平时不怎么搭理人的老王偶尔也会在业务上对他指点一二。主任对他的关照更是不用说了，部里大大小小的事都让他参与。

　　其实，小威的工作能力很强，而且工作认真负责。他的成绩大家也有目共睹，换个人得到这样的机会也不一定能做出来。他自己从来没有因为自己是主任老师的儿子，而感到有什么优越感。

　　因为得到了许多别人没有的锻炼机会，短短的两年间，他成长得很快。没想到，不久单位人事调动，主任被调走了，而小威也被打入了冷宫。其实，平心而论，能有今天的成绩，小威的付出并不少，可就因为他跟主任有私交，他的所有成绩都被否定了。在新上任的主任眼里，他就是一个靠关系吃饭的年轻人。

　　在有着复杂人际关系的职场中，我们还是要尽量少亮底牌，给自己一些保护为好。

3. 自守门户，积蓄力量反败为胜

　　鬼谷子强调，应用捭阖之术要确保周详缜密，攻守兼备。若捭阖得不好，反而会让自己门户大开，一败涂地。其术最关键之处，在于应"闭"时确保能自守门户，韬光养晦，渡过难关，从而占据先机，一役而胜。在历史进程中，凡能建功立业者，无不深谙此道。魏大将军司马懿、明成祖朱棣等人，都曾以周密的捭阖之策反败为胜，纵横天下。

　　魏文帝以后，太尉司马懿掌握兵权，势力日渐膨胀。曹氏宗族对司马懿戒备之心日重，矛盾日益暴露。大将军曹爽用明升暗降的手段剥夺了司马懿的兵权。司马懿立过赫赫战功，如今却大权旁落，心中十分怨恨，但他见曹爽现在势力强大，一时恐怕斗他不过。为了躲避曹氏宗族的锋芒，司马懿称病在家，多年不朝。当曹爽派亲信李胜去司马懿家探察病情时，司马懿装出一副重病的样子，头发散乱，躺在床上。李胜说："好久没来拜望，不知您病得这么严重。现在我被任命为荆州刺史，特来向您辞行。"司马懿故意说："并州是要地，一定要抓好防务。"李胜说："是荆州，不是并州。"司马懿还是装糊涂。这时，侍女来给他喂药，他吞得很艰难，汤水从口中流出。李胜回去向曹爽作了汇报，打消了曹爽的疑问。不久，司马懿乘曹爽放弃戒备，外出祭祖的机会，发动政变，等到曹爽闻讯回城时，大势已去。司马懿以篡逆的罪名，诛杀曹爽一家，曹魏政权实际上已是有名无实。

　　司马懿伪装自己，博取敌人的信任，尔后突施冷箭，"毕其功于一役"，真可谓老谋深算，难怪当初诸葛亮将他视为平生劲敌。反观曹爽，此人在人才济济的曹魏政权内能官拜大将军，绝非平庸无能之辈，但他缺少心机、麻痹大意，正如缺少了牙齿的猛虎，被人玩弄于股掌之中。两人这一胜一负，一生一死，一荣一辱，并不仅仅取决于实力，而更是取决于心思的缜密程度。

　　司马懿装病麻痹政敌的伎俩，也曾被后世的明成祖朱棣效仿过。明太祖朱元璋死后，皇太孙朱允炆即位，称为建文帝。建文帝鉴于藩王势力太大，威胁君权，因此决意削藩，燕王朱棣自然成为他的眼中钉。朱棣是明太祖的第四个儿子，一向带兵驻守在北平一带，战功赫赫，在朝廷上下都很有威望。为了麻痹建文帝，朱棣假装得了精神病。建文帝派使臣去探病，那时候正是大热天，燕王却坐在火炉边烤火，嘴里还不停地叫冷。建文帝也就相信燕王真的病了，但是他的心腹大臣齐泰和黄子澄却怀疑朱棣装病，他们想秘密逮捕朱棣。朱棣得到消息后，立刻借清除奸臣黄子澄、齐泰的名义，举兵南下。这场内战打了三年多，最后燕军攻占了都城应天府。建文帝下令放火烧宫，和皇后一起跳到大火里自杀了。而朱棣则如愿以偿地登上了皇位。

可见，捭阖之术用于政治斗争，能使强弱形势相互转化。弱者通过自守门户，能使强者不自觉地放松警惕，从而达到以弱胜强的效果。在国家间的外交中，捭阖之术更能产生巨大的威力。

西夏的开国君主元昊是一位杰出的政治家、军事家，他统治着地少人稀的小国，周旋于辽、宋两个大国之间，却能安然生存，这都得益于元昊采取了灵活多变的外交政策，即根据宋辽实力的消长，不断调整与两国的亲疏关系。元昊即位伊始，宋国在与辽国的斗争中落于下风，被迫议和纳贡。于是元昊采取了"联辽抗宋"的方针，同辽国联姻，同时也接受宋国的封号，却对宋使怠慢不恭。当时，宋夏边境小规模冲突不断。元昊依靠与辽国的联盟，不时出兵骚扰，使宋国难于应付。当西夏几次大败宋国，自身实力也受损的时候，辽国乘虚而入，在边境上收留了党项族的叛民。元昊不甘示弱，也诱降了辽国边境部族，导致了辽夏关系的恶化。辽国打算举兵问罪，元昊为避免两线作战，立即见风使舵，同宋国签订了合约，在一些虚名的问题上做了让步。同时，他还派人入辽破坏，焚毁辽军粮草，延缓了辽朝的出兵计划。

后来，元昊在贺兰山一战中大败辽军，却高姿态地同辽议和，照常纳贡。就这样，元昊以外交为主，军事为辅为策略，多次在胜后议和，使宋、辽、夏三国长期处于鼎立之势，充分证明了他纵横捭阖的能力。

在现代商业领域，一个成熟而有谋略的企业，当它在面临同行的竞争时，往往能采取有效的措施加以应付，在加强自身实力的同时又能削弱对方。这也是捭阖之术可以发挥作用的地方。

某市有一家大型眼镜批零店，曾一度垄断着当地的眼镜销售市场。很快，在其周围冒出众多个体眼镜店，对批零店的生意造成很大影响。面对"围攻"，眼镜店冷静地分析了市场形势，认为个体户的优势是本小灵活、进退自如，但他们一般缺乏过硬的技术，配镜质量无保证，也无力造成经营上的声势。针对这些情况，该店制订和实施了"扬长避短、强化服务"的战略。他们缩减低档眼镜的销售量，增加了中、高档眼镜的花色、品种，以避开个体户定价灵活的优势。他们还在报纸上、电视上展开宣传攻势，一是宣传配镜的基本知识，使顾客了解到配镜不适给眼睛造成的损害；二是宣传本企业的信誉及提供的优质服务。此外，他们还聘请了3位眼科专家全天候门诊，为儿童提供免费的配镜咨询，保证儿童能配上适宜的眼镜。这一系列措施，安排得细致、周密，一环紧扣着一环，让其他个体眼镜店根本无力招架，只好一个个另谋出路。该眼镜批零店不但扩大了知名度、提高了销售量，还培养了一批未来的顾客——儿童，在这场突围之战中大获全胜。

可见，古往今来的胜者，不仅要有开创大局的雄伟气魄，还要有处理细节的缜密心思。自诩"力拔山兮气盖世"的楚霸王，能成为名垂后世的英雄，但不能成为最后的胜者，因为他不懂得"欲捭之贵周，欲阖之贵密"的道理。真正能成就大事业的人，一要胆大，二要心细，两者委实缺一不可。

4. 轻举妄动就会丧失主动权

鬼谷子言："人言者，动也；己默者，静也。因其言，听其辞。言有不合者，反而求之，其应必出。"他这里强调的，实际上就是"以静制动""以静待哗"。因为越是宁静的水面，越能映照出四围的景色和满天的繁星。所谓以静制动，是指在静中做好一切应敌准备，以自己的安定、镇静来应付对手的浮躁不安，乘势借力，化引对方，待对方失去重心后以"全力"发之。苏轼也曾说："天下有大勇者，猝然临之而不惊，无故加之而不怒。"而美军"绿盔部队"所有战士都明白三个不成文的规则：第一，永远镇定；第二，永远清楚自己的方位；第三，如果你不知道自己的方位，也要显得镇定。

在突发事件面前不惊慌失措，在重大变故面前能处变不惊、镇定、持重，正是古往今来众多政治家、军事家、谋略家成功的品格。拿破仑曾有一句名言："除非是报告非常好的消息，否则，就不要来吵醒我。"

能静者需要做到"三要"：要心定，要心细，要心静。"心定"即把一切统统放下，听任事态发展。"心细"指遇事要谨慎周密，细心观察。"心静"，则指思想集中，全神贯注，遇事戒躁戒怒，心平气和，能专心致志排除一切杂念。遇刚则柔，遇软则硬，及时了解对方的虚实变化，恰当而合理地处理对方的攻击，虽受大力攻击或突然袭击，仍能平衡稳定、毫不动摇。

轻举妄动就会丧失主动权。遇事惊慌是最容易坏事的，因为心越慌，神志就会越加不清醒。所以，无论遇到什么样的事，一定要沉着冷静，静静地观察，要不动声色。

以静制动并不是不想办法对付，而是在心里静静地盘算。因为张扬、冲动容易露出痕迹，让对手窥探虚实，这样只会让自己吃亏。所以聪明的做法是先观察事件的发展趋势，待情况明了时再做回应与反击。比如，在知道老板要降自己的职位时，如果立即惊叫，只会让早就觊觎你职位的人提前下手。这时还不如装作不知，立即找新工作，等找到更合适的工作后才宣布另谋高就，便可化被动为主动，全面胜出。

有这样一则小故事：一天，一个农民牵着一匹马到外地去，中午他准备到一个小饭店吃饭，于是就把马拴在饭店附近的一棵树上。正好这时来了一个绅士，他也将马拴到农民拴马的那棵树上。农民说："我的马还没有被驯服，会踢死你的马的。"绅士不听，还是将自己的马和农民的马拴在了一起，然后二人都进饭店吃饭去了。不一会儿，二人就听到可怕的马的嘶叫声，绅士的马被踢死了。于是，绅士就拉着农民去见法官，要求农民赔自己的马。在法庭上，农民对法官提的任何问题都闭口不答。法官说："他是个哑巴，我不能作判决。"绅士忙说："他刚才还和我说话了呢。"法官问绅士农民说了什么，绅士就把农民刚才说的话重复了一遍。法官听后对绅士说："原来是你没有理，农民已经事先警告你了，可你不听，农民没有责任赔偿你的损失。"这位农民的高明之处就在于他不动声色，让绅士说出自己对他的警告，这样远比自己说出来更令法官信服，并得到了法官的支持。

"动"和"静"是事物发展过程中产生的一对矛盾，从"动"的表象中找到"静"的本质。静心好像平静清澈的湖水，不以石击之难见波澜。高明的棋手若能使自己保持心态平衡，则对对手的任何举动都会了然于胸：用不变量、不动点、不变规律等"静点"作为突破口，表面上保持"静"的态势，暗中观察对手的行动，及时调整部署，做好准备。当己方处于劣势时不气馁，居上风更须沉着，不被对手所迷惑，也不被对手暂时得胜所激怒，冷静审视对手的进攻、防守规律特点，找出薄弱突破口，甚至卖个破绽，使敌方信以为真。正所谓：引则动，动有隙，隙可击，得机便强力出击，以静制动，使对方措手不及，如此必胜无疑。

5. 循序渐进，不可急功近利

古语云："骐骥一跃，不能十步；驽马十驾，功在不舍。"鬼谷子认为，凡事都要循序渐进，持之以恒，不可急功近利，武断行事，否则就很容易忙中出错，导致功亏一篑。

一位挤牛奶的姑娘，头顶一桶牛奶，从田野走回农庄。她幻想着："这桶牛奶卖了，至少可以买回三百个鸡蛋。就算有些意外损失，那也能孵出二百五十只小鸡。等到鸡价最贵的时候，就可以把小鸡拿到市场上卖。这样到了年底，我就可以得到很多赏钱，足可以买一条漂亮的裙子。到了圣诞节的晚宴，我穿上那条漂亮的裙子，于是年轻的小伙子都会向我求婚，但我却摇摇头拒绝他们。"想到这里，她非常得意，竟然真的摇起头来。结果，牛奶被她摇到了地上，她的美梦也被打碎了。

在第一步还没有迈出去的时候，不要幻想最后的结果。否则美梦破灭，甚至连迈出第一步的机会都会永远丧失。

战国时期，燕国封乐毅为帅，同时纠集韩、赵、秦、魏等国军队进攻齐国，攻克齐国七十余城，消灭了齐国的主力部队，占领了齐国都城。这时，齐国只剩下莒城和即墨两个小城。乐毅深知"穷寇勿追"的道理，只是将即墨团团围住，使其不战自乱。这时，燕王中了齐将田单的反间计，用骑劫代替乐毅为帅。骑劫改变乐毅宽大的做法，他割去齐军俘虏的鼻子，把他们放在队伍前面，还挖去城外齐人的祖坟，以打击齐军的士气。孰料，这种残暴的做法反而激起了齐人的愤怒，使他们同仇敌忾，宁死不屈。田单见时机成熟，于是设下"火牛阵"，大败诸侯联军，杀死骑劫，并且乘胜收复了所有失地。

骑劫的失败，就在于他不明白穷寇勿追、循序渐进的道理，一味以残暴的手段激怒齐军，并想当然地以为这样可以打击敌人士气，结果却是一败涂地、前功尽弃！

为将帅者，急于求成是大忌。

三国时代，辽东太守公孙康依仗地势偏远，不肯归顺曹操。后来，袁尚和袁熙与曹操作对，带几千人马投奔公孙康。曹操击败乌丸后，有人劝说曹操讨伐公孙康，擒拿袁尚、袁熙。曹操说："我正要公孙康把袁尚、袁熙的首级送过来，不用麻烦出兵。"不久，公孙康斩杀了袁尚、袁熙，把首级送了过来。众将问这是为什么，曹操说："公孙康一向防备袁尚等人，我威逼他，他们就合力回击；我不管他，他们就一定会自相残杀，这是理所当然的。"

有时候，像曹操这样让自己冷静下来，静观局势的变化，反而能取得意想不到的效果。

在现代商业社会中，一个企业的发展壮大，是不可能一蹴而就的。企业领导人也应持有循序渐进的思想，不断积累经验，持之以恒，就一定能赢来企业的腾飞。

犹太富商蒙德学生时代就读于德国海德堡大学，在学习研究中，他发现了一种从废碱中提炼硫黄的方法。后来他移居英国，想找一家公司合作开发。但当时很多公司都认为这一方法没有什么实用价值。蒙德费尽周折，才找到一家愿意投资的公司。有了资金以后，蒙德开办了自己的化工企业，随后他买下了一项有用的专利技术。但这项技术当时还很不成熟，没有人愿意去投资。蒙德就自己建立厂房，反复研究，终于解决了技术上的难题，投入生产。起初，生产情况并不理想，企业连续几年亏损。但蒙德一直不气馁，终于在6年后取得了重大突破，不仅弥补了亏损还大赚了一笔。蒙德的企业后来成为全世界最大的碱生产企业。

蒙德的成功，得益于他循序渐进的严谨方式，虽然他的成功之路走得比较艰辛，但只有这样的企业才能经历真正的风雨。

一种新商品，如果它在市场上知名度并不高，消费者也很少，这时将它大批量投入市场，效果肯定不会好。这时就应该采取促销的手段，循序渐进地达到目的。

国际市场上曾有一种日本香烟，销售量在世界名列前茅。令人称奇的是，这种香烟是通过亏本经营逐渐打开销路的。为试销此商品，这家卷烟厂首先在世界各国的大城市物色代理商，通过代理商向当地一些著名政客、作家、律师、艺人等按月寄赠香烟，并声明如果不够的话来函即寄。每隔一段时间，代理商还给他们寄去一份表格，征求对此商品的意见。当然，厂家的"慷慨"是为了吊"瘾君子"的胃口。等到这些人抽此商品上了瘾，便都主动开始买。这样，此香烟很快在上流社会树立起形象，在各国的销路都很好，获得了巨额利润。

轻易得来的东西，总是很容易失去。在功利主义泛滥的现代社会，很多人都在梦想着一夜暴富，但这不过是泡沫而已。只有坚持循序渐进的人，才能获得真正的成功。

6. 谨言慎行，看破不必说破

鬼谷子认为，即便是有雄辩之才，也应该谨言慎行。有些话说出来没有效果，就没有必要说。有些话说出来犯忌讳，容易伤害别人，就一定不要说。

从前，有一个坏脾气的男孩。爸爸给了他一袋钉子，告诉他，每次发脾气或跟人吵架的时候，就在院子的篱笆上钉上一根。第一天，男孩钉了三十几根钉子。渐渐地，男孩学会了控制自己的脾气，往篱笆上钉的钉子在一天天减少。终于有一天，他一根钉子都没有钉，他兴高采烈地跑去告诉爸爸。爸爸说："从现在起，如果你一整天都没有发脾气，就可以拔掉一根钉子"。日子一天天过去，最后，钉子都被拔光了。爸爸带他来到篱笆边，对他说："孩子，你做得很好，可是看看篱笆上的钉子洞，这些洞永远也无法恢复了。你对别人说了一些难听的话，会在对方心里留下一个伤口，就像这个钉子洞一样。"至此，男孩才彻底明白了自己以前的错误。

三国时期的名士杨修，喜欢卖弄小聪明。他曾担任曹操的主簿。一次，工匠们建造丞相府的大门，刚架椽子，曹操亲自前往观看，在门上写个"活"字，就离开了。杨修看见了，立刻命工匠把门拆了。拆完后，他说："门里加个'活'字，是'阔'字。魏王这是嫌门太大了。"还有一次，有人送给曹操一杯酪，曹操吃了一点，就在盖子上题写了一个"合"字给大家看，没人理解这是什么意思。轮到杨修时，他便吃了一口，说："曹公叫每人吃一口呀，还犹豫什么！"曹操虽嘴里称赞，心里却十分反感。后来，曹操出兵汉中，攻打刘备，但军队面临很多不利，一时进退两难。一天晚上，厨子给他端来一盆炖鸡。恰好部将夏侯惇前来请示夜间用什么口令，曹操手中正好拿着一块鸡肋，随口就说："鸡肋。"杨修得知后，立即叫兵卒为他收拾行装，别人问他这么做的缘由，杨修说："鸡肋，食之无味，弃之可惜，看来丞相要撤兵了。"曹操闻讯大怒，立即以惑乱军心的罪名把他杀了。

其实，曹操的意思，别人未必不懂，只是知道这位丞相疑心重，忌讳多，不愿开口点破而已，而杨修只道是自己聪明，恃才傲物，锋芒毕露，完全不揣摩曹操的心思，犯了忌讳，结果误了身家性命。成杨修者，聪明也；亡杨修者，亦为聪明也。

不说废话，不犯忌讳，这些全在于自己的收敛。然而，你就是管好了自己的嘴，也管不了别人的嘴。所以，还要特别留意受到别人谣言的中伤。

魏国有一个大臣叫庞恭，有一次，魏国太子要到赵国做人质，魏王派他做随从。临行之前，庞恭对魏王说："如果有一个人说大街上有老虎，您相信吗？"魏王回答说："当然不信啦！"庞恭又问："如果有两个人说大街上有老虎，大王您信吗？"魏王犹豫了一下，回答说："还是不信。"庞恭又问："如果有三个人说大街上有老虎呢？"魏王想了想，说："这下我相信了。"

庞恭说："实际上，大街上根本就没有老虎。因为有三个人说有，大王在没有亲眼见到的情况下，也就相信了。现在，我大老远出使赵国，说我坏话的人肯定不止三个，希望大王明察。"魏王说："你放心吧，我心里有数。"于是庞恭陪太子去赵国了。后来，庞恭从赵国返回以后，魏王还是听信谗言，没有再重用他。庞恭在临行前专门为魏王讲了"三人成虎"的故事，可他回来之后，还是失去了魏王的信任。

"众口铄金，积毁销骨"，流言蜚语多了，"是"可以被说成"非"，"白"可以被说成"黑"。一代名将岳飞不就是因为"莫须有"的罪名，惨死在奸臣秦桧手里的吗？历史上，还有很多遭到奸臣的谗言，过早地结束了自己政治生命的忠臣。

宋真宗年间，契丹人大规模入侵北宋，朝廷上下人心惶惶。新任宰相寇准力劝宋真宗御驾亲征，他认为这样就能鼓舞士气，一定能打退辽兵。宋真宗于是决定御驾亲征，进军澶州与辽兵对峙。将士们看到宋真宗的黄龙大旗，士气高涨，个个奋勇杀敌，果然取得少有的胜利。副宰相王钦若本来就和寇准不和，现在看到寇准立下了这么大的功劳，真是又妒又恨。于是，他便借陪同宋真宗赌博的机会，诬陷寇准说："皇上您知道赌博的时候最危险的是什么吗？"宋真宗从来没有想过这个问题，很想知道答案，王钦若就趁机对他说："最危险的是孤注一掷，因为这样一旦输了就可能会输得精光。上次澶渊之战，寇准分明是将皇上作为赌本押上了，这是把大宋所有的'本钱'都押上了，这个寇准丝毫不顾及皇上的安危啊！"宋真宗听了他的这番话后很是生气，觉得自己被寇准利用了，不久便撤了寇准的宰相之职。

套用一句俗语，"伤人之言不可有，防人之心不可无"，这是我们应该切记的。

7. 急流勇退，该放手时就放手

鬼谷子认为，英雄一旦找到了用武之地，就要积极进取，建功立业。然而世事难料，到了需要放手的时候，就要果断放手，不可存在非分之想，痴迷于权力或富贵，应急流勇退，以免引起灾祸。

春秋时期，越王勾践被吴王夫差打败，成了吴国的俘虏。后来，勾践在范蠡、文种等人才的辅佐下，励精图治，最终打败吴国，逼得夫差拔剑自杀。吴国被消灭以后，范蠡辞掉官职，到北方做起陶器生意，成了当时有名的大富翁。直到今天，人们还称他为"陶朱公"。据说，范蠡在离开越国以后，写了一封信给好朋友文种，劝他舍弃功名富贵，做一个快乐、自由的人。他在信中写道："鸟儿们都被射杀光了，再好的弓也要收藏起来；狡猾的兔子死了，猎狗也会被主人杀掉，煮来吃呢！"文种认为越王对自己十分优待，不会那么绝情，所以没有听从范蠡的建议。不久，越王听信谗言，怀疑文种对他不忠，真的逼他自杀了。

范蠡和文种对待名利的态度不同，因此结局也不一样。他们的结局对现代人来说，应该有很深的借鉴意义。

秦汉时期的张良本出生于韩国的官僚家庭，家庭富裕，祖上担任高官。但是，秦始皇统一六国的时候，就把韩国给消灭了，国破家亡，张良报效国家的宏图大志也破灭了。于是，张良拿出所有家财来收买刺客，刺杀秦始皇。他找到一位大力士，在秦始皇东巡的时候趁机伏击，可是120斤的大铁锤误中副车，惹得秦始皇大怒，因此下令全国通缉张良。张良只好隐姓埋名，流亡到江苏一带。后来得到高人的指点，得到《太公兵法》潜心研读。

秦末农民大起义时，张良跟随了刘邦。刘邦与项羽约定兵分两路攻打咸阳，约定先入关者为王。而张良建议立韩国公子韩成为王，让刘邦走南路，引兵南下，直趋灞上，秦朝灭亡。刘邦进入咸阳之后，看见秦朝宫殿富丽堂皇，财宝堆积如山，宫女如云，不禁飘飘然起来。可是张良力劝刘邦认清形势，宝货无所取，还军灞上，据隘固守，等待项羽。

在鸿门宴上，刘邦又听取了张良的建议，央求项伯给项羽带话，说刘邦不敢背叛，据隘防守，是为了防范盗贼。驻军灞上，正是等他来处置。项羽设鸿门宴，其手下范增打算让项庄舞剑，并趁机杀掉刘邦，张良则让刘邦借上厕所的机会逃回灞上，转危为安。

鸿门宴后，项羽自立西楚霸王，并把刘邦封为汉王，居巴蜀之地。张良劝刘邦将计就计：前边往汉中走，后边烧掉从汉中通往关中的栈道，表明自己并无北上的心思。然后趁项羽不加提防的时候，"明烧栈道，暗度陈仓"，挥师东进，经过三年多时间的"楚汉战争"，刘邦终于打败项羽，建立了汉家天下。

汉初，封赏功臣，刘邦评价张良是"运筹帷幄之中，决胜千里之外"，要封他为齐三万户侯，张良却一再推辞说："我不敢接受这样的封赏。我初见皇上是在留城，但愿封到留城就可以了。"于是，他被封为"留侯"。张良多病，就趁机提出了辞退的请求，从此脱离政界，学习道家修身之道。

对于张良这位实实在在的伟人，后世是普遍敬仰、羡慕的。其舍财求士、博浪椎秦的勇气，显示着中国人抗暴的精神；其"运筹帷幄，决胜于千里之外"的思辨能力，是对后人学习智慧的一种启示；而其轻名位利禄、功成身退保全名节，又是人们追求的一种操守。这些都是古代中国人自我修养，力图完美人生的追求和境界。

韩信就是因为不懂得"功成身退"而惨遭杀害的典型。

毫不避讳地说，刘邦的江山有一大半是韩信打下来的。可以说，没有韩信就没有西汉王朝，没有韩信，刘邦更不可能当皇帝。韩信功高盖主，在刘邦当皇帝之后他本应该想到这点，然而他还是傻乎乎地以功臣自居，完全没有了当初带兵打仗时的聪明智慧。可刘邦想到了这点，为了巩固他的皇帝地位，他上台后做的第一件事就是削弱韩信的势力，把当时还是"齐王"的韩信封为"楚王"，使其远离自己的发迹之地。然后有人适时告发韩信"谋反"，刘邦又将他贬为"淮阴侯"。不出几个月，吕后又和刘邦唱了一出双簧：前脚刘邦带兵出征，后脚吕后就让萧何将韩信诱至长乐宫冠以谋反之罪杀掉。

在古代，"功成身退"是一种明哲保身的方法，只有智者可为。人生在世，竭尽所能报效社会是必要的，但一旦成功了，危险也就来了。可能在论功的时候，就包含分配不公，或骄傲让人嫉恨，更有功高盖主等危险和矛盾潜伏着，要学会化解，更要学会"韬光养晦"，锋芒内敛。

有了功不居功，有了名不恃名，任何时候保持一颗平常心，是我们一生都需铭记的智慧。

8. 瑕不掩瑜，多从大处着眼

唐人刘晏，唐代宗时任转运租庸盐铁使，曾经建工场造船，给钱一千缗。有人说实际花费还不到一半，请求减少。刘晏说："不行。要办大事，就不应吝惜小的费用。如果一点点地计较，怎么可能长久地进行生产呢？"后来果然如其所说的那样。这是在讲我们做事不能拘小节，要从大处着眼把握，同样的，对他人我们要多看长处，而不能只盯着人家的缺点。

司马光曾说，当官的人，应该多从大处着眼，放弃琐细的事情。

子思住在卫国时，向卫君推荐苟奕说："他的才能可以带五百辆战车打仗，可任为军队的统帅，如果得到这个人，就会无敌于天下。"

卫君说："我知道他的才干可以胜任大将，但他在当小官的时候，去老百姓家收租，吃过人家两个鸡蛋，所以不能用他。"子思说："英明的人选用人才，就好比高明的木匠用木材。用它可用的部分，抛开它不可用的部分，所以有一围之大的杞树、樟树，虽有几尺腐烂了，但好的木工不放弃它，为什么呢？知道没有用的部分是非常微小的，最后用来做成非常珍贵的器具。现在您处在列国纷争的时代，需要选择可用的人才，而因为两个鸡蛋就不用栋梁之材，这种事千万不要让邻国知道了。"卫君听后，反复地向子思道谢。

能够容忍别人的小过，避其短处，用其长处，唯此才能干大事。如果一个人做事斤斤计较，抓住别人的缺点不放，那他就犯了与卫君同样的错误。

忍让是一种美德，魏国公韩琦度量过人，生性浑厚淳朴，从不搞一些小动作。他的功劳为天下之最，在大臣中地位最高，但从未见过他为此自傲；担负巨大的责任，濒临难以预料的祸事也从未见他忧愁过。他做事为人谦逊而谨慎，上朝时站着与其他官员说话；休息时与家里人谈话，也都是出于真心。有一个跟随韩琦几十年的人，记下了韩琦的言行，反复对照，发现韩琦说的与做的都十分吻合，没有不相称的地方。

韩琦镇守大名府时，有人献上两只玉杯，说："这是种田人在破坟中找到的，里外都没有瑕疵，真是宝玉啊。"韩琦用白金装饰，更是漂亮极了。每逢开宴会招待客人，他都用绸绵盖上它，放在桌子上。

一天，韩琦在招待管理水运的官吏时，准备用这两只玉杯装酒，招待客人。客人都到了，然而在这时候，一名侍兵不小心撞倒了玉杯，两只玉杯俱碎。客人都很吃惊，那名侍兵也伏在地上等候惩罚。

韩琦脸色不变，笑着对客人们说："天下的东西是坏还是不坏，都有自己的命运。"过了一会儿，他对那个侍兵说："你是失误造成的，并不是故意为之，有什么过错呢？"客人都佩服韩琦宽厚的德行和度量。

忍作为一种处世的学问，特别是对于许多普通人来说，是绝对不可缺少的。

对自己的朋友、上司，你不可能事事据理力争。对于自己的长辈、老板的某些指示、某些命令，由于主观理解上的偏差而得不到很好的实施，但你却已尽了最大努力，在这样的情况下，上司、长辈、老板对你批评和指责是很正常的，不要急于辩解，认为自己无比委屈，其实错误就在你的身上。中国人自古以来就有尊老、"服上"的习惯，许多人都是在忍让和"服从"了多少年以后，由小媳妇熬成婆婆的。在这之前，他们不知道忍了多少回，从这方面一想，你就容易忍耐了。

当然，对于许多下属职员来说，遇事不加辨明，便着手去实施是下属的一大工作弊病，这是因为下属和领导之间缺乏必要的默契。对于领导，下属首先是服从，然后才能改变领导。不是让领导去适应你，而是你去适应领导。上司给予的指示和命令，必须清楚地理解，然后才有可能有效地执行。对于上司，他们发一发脾气也是很正常的，不要希望每个领导都慈祥无比。你需要忍受这种压力，同时要以积极的行动去尽量避免这种压力。

第五章

处变不惊，方能理智决策

【译文】

大凡求谋士判断事物性质的，必然是有疑难问题托你解决的人。一般说来，人们总希望遇上好事，而不希望有灾祸降临。即使灾祸临头了，也不至于因被引诱而陷入迷惑。做决断时，如果只对一方有利，那么不利的一方就不会接受，这是运用奇策时必须事先搞清楚的。如果我们觉得有人表面上做善事而实际上在作恶，我们不但不能接受他，而且还要疏远他。因此，有时办事不力，使之受损害，这都是不善于解决疑难问题的缺失啊！

【本章提要】

　　事物的发展有它自身的历史和规律，鬼谷子认为，实施决策时应"度以往事，验之来事，参之平素"，借鉴往事，研究现状，预测未来。决策者只有慎重考虑这一规律，才能正确决断。

　　时机是关系成败的重要因素，决策必须抓住时机，当机立断，犹豫不决则会错失良机。鬼谷子在本篇中多次强调，"可则决之"，能够做决策的时候就要迅速决断！上述观点都是当代决策术中的瑰宝。

1. 该三思时要三思，该果断时要果断

鬼谷子认为，决疑时应该忖度往事，预测未来的发展，再参考平常的情况，若能做出判断，可立即决断。王公大人们委托决断的大事，若能为其带来美名，并且有望成功，可立即决断；无须费力而易成的事，可立即决断；虽然费力但又必须做的事，可立即决断；能为人免除祸患的事，可立即决断；能为人带来福祉的事，可立即决断。

一个猎人得到一只捕猎机，只要猎物受到诱饵玉米粒的诱惑，一路啄食，就会进入捕猎机，而他只要轻轻一拉绳子就大功告成。猎人支好捕猎机藏起来，不久就飞来一群野鸡，共有九只。大概是饿得久了，不一会儿就有六只野鸡走进了箱子。他正要拉绳子，又想："那三只也会进去的，再等等吧。"等了一会儿，剩下的三只非但没有进去，反而还走出来三只。猎人后悔了，他对自己说："哪怕再有一只走进去，我就拉绳子。"接着，又有两只走了出来。如果这时拉绳，还能套住一只，但猎人对失去的好运不甘心，心想："总该有几只要回去吧？"终于，连最后那一只野鸡也走出来了。这一次，猎人连一只野鸡也没能捕捉到，反而白白损失了两把玉米。

猎人本来可以捉住六只野鸡，可他却没有拉绳。在最好的机会失去之后，他还有机会，但由于该断不断，最终什么也没有得到。

还有一个故事，说有人设置了一架捕捉野兽的器具，结果一只老虎跑过来，一只脚掌被缚住了。老虎拼命挣脱也无济于事。它逃生的唯一希望，就是用自己锋利的牙齿咬断脚掌，但它没有这样做，最终被人抓住，丢了性命。

老虎咬断自己的脚掌自然是很痛苦的，但是如果因此而保存了性命，则是一个聪明的选择。做事一定要果断，否则，就像第一个故事中的猎人那样，不仅得不到应得的利益，还可能要蒙受本来可以规避的损失，就像第二个故事中的老虎。

果断，是一种很重要的人格素质。一个果断的人，会让别人觉得可靠，从而愿意将事情托付给他。相反，一个优柔寡断的人，就会逐渐丧失别人对他的信任。

在历史上，东汉名将班超就是依靠果断的行动，险中求胜，迈出了成功的第一步。

公元前73年，东汉大将军窦固出击匈奴，派班超出使西域各国，以结成联盟关系。班超带领着一支由三十六人组成的使团，先到达了西域的鄯善国。鄯善国王友好地接待了他们，并表示愿意同汉朝和好。可是几天后，班超发现鄯善国王开始有意疏远自己。通过观察，班超推测匈奴也派来了使团，而且鄯善国王倾向于匈奴了。于是，他请来了接待自己的鄯善官员。一见面，班超就突然严厉地问道："匈奴使团来到鄯善几天了，你们把他们安排在什么地方？"这位鄯善官员一听，以为机密已经泄露，只好把详情说了出来。果然不出班超所料，鄯善国王已经准备和匈奴结成友好关系。班超闻听此言，立即召集自己的随员们商议对策。班超鼓动大家说："不入虎穴，焉得虎子。我们先下手为强，今夜就突袭匈奴使团，把他们全部杀掉。只有这样，鄯善国王才会转变态度。"众人一致同意了班超的建议。当夜，班超率领这三十多位勇士，以迅雷不及掩耳之势，冲进了匈奴使团的驻地，将匈奴使团消灭得一干二净，班超一行则无一伤亡。这样，鄯善就和匈奴结下了仇怨，只有死心塌地地依附于汉朝了。

班超不愧是一位出色的外交家，他夜闯匈奴大营，以坚定的信念、顽强的斗志、机智的头脑实现了自己保卫家园、报效朝廷、建功立业的理想，也为自己赢得了千古流传的美名。

在军事上，遇到该进的时候，一定要进得果断，遇到该退的时候，也要退得果断。公元224年，魏国大将曹爽领军伐蜀，穿过骆谷，进至兴势山前，发现蜀将已经占据有利地形，很难攻破，如不迅速撤回，被蜀军抄了后路，就有全军覆没的危险。于是，不等魏王旨意，曹爽便果断下令撤退。魏军撤退途中，果然发现蜀军将领正率军向魏军后方的三岭地区移动。曹爽率领魏军抄小路躲过蜀军堵截，这才安全撤回。

必须承认，做出有些决定是痛苦的，但是为了整体的利益，当事者必须鼓起勇气，当机立断，甚至不惜放弃局部的利益。

该三思时要三思，该果断时要果断，这是我们应该遵守的原则。

2. 成竹在胸，使自己的决策坚定

鬼谷子认为，真正的成功者，必须成竹在胸，使自己的决策坚定、稳固得像山岳一样。敏捷、坚毅、决断的力量，是一切力量中的力量。如果一个人没有敏捷与坚毅的决断能力，就不可能成为真正的领导者。想做成大事，就一定要有坚韧不拔的意志和勇往直前的勇气。面对困难，首先要沉着冷静，临危不乱，这样才能让你的部下对你有信心。

罗曼·罗兰说："人生很快就过去了，一个机会不会出现两次。必须学会当机立断，否则就别要。"世界是一片战场，在这战场上，只有当机立断的统帅才能取得胜利。谁若是有一刹那的胆怯，也许就放走了幸运对他的垂青。

一头毛驴幸运地得到了两堆草料，然而这额外的一份幸运却毁了这可怜的家伙，它站在两堆草料中间，犹豫着不知先吃哪一堆才好，就这样，守着近在嘴边的食物，毛驴却活活饿死了。世间最可怜的人，是那些遇事举棋不定、犹豫不决、不知所措的人；是那些自己没有主意、不能抉择、依赖别人的人。

毫不犹豫，当机立断，是领导者的大智慧，也是成事者必须具备的素质。沉着冷静，当机立断是古往今来成功者必备的素质。沉着冷静，能让你看清纷繁复杂的局势，做出正确的分析；当机立断，能使你抓住稍纵即逝的机会，将命运掌握在自己手中。现代社会更是瞬息万变，只有那些沉着冷静、当机立断的人，才能把握机会，走向成功。

1358年，朱元璋攻下徽州。由于粮食稀缺，朱元璋下令严禁军中私自酿酒、喝酒。而大将胡大海的儿子胡三全等三人却违令喝酒，造成了很不好的影响。朱元璋大怒，立刻下旨将这三人抓获。都事王恺说："胡大海智勇双全，民心归附，现在正在绍兴对抗张士诚的大军。您要是这个时候杀他的儿子，万一逼反了胡大海，岂不是得不偿失？"朱元璋说："正因为他是胡大海的儿子，才要严办，如果我因为他是胡大海的儿子就放了他，那以后徐达、李善长等人的儿子犯法我也都放了吗？我宁可让胡大海背叛我去投敌，也不能不执行军令。"于是，朱元璋亲手拔剑杀了胡三全。三军将士听说之后都为之震惊，上下军纪肃然。

犹豫不决固然可以免去一些做错事的可能，但也失去了成功的机会。战场上，非常讲究战机和形势。一旦捕捉住战机，就应当毫不犹豫地下决心，进攻敌人，绝不能停滞不前。在日常生活中，机遇是成功必不可少的条件。而当机遇来临时，一定要善于把握，只有善于把握机遇的人，才能走向成功。

比尔·盖茨认为："世界上大凡成功的人，在他们成长的道路上，无不显示了在选择面前的果断魅力。"当比尔·盖茨意识到一个新的软件市场将要诞生时，他毅然决然地和哈佛说再见，组建了自己的电脑软件公司。哈佛的学位是多少人梦寐以求的东西，但对比尔·盖茨来说，这所名牌大学已经成了他的一个负担，而不是助跑器。比尔·盖茨的退学，不是一时的心血来潮，而是经过反复思考才决定的。他果敢地把握住了机遇，为他开创软件王国的霸业拉开序幕。

《纽约时报》著名记者威廉·麦克劳德，找第一份工作就是凭借自己当机立断、果断行事的能力。当时，他紧张分分地等在办公室外，申请材料已经被送进去了。一会儿门开了，一位职员出来对他说："主任要看你的名片。"威廉从来就没有准备过什么名片，他灵机一动拿出一副扑克，从中抽出一张黑桃A说："给他拿这个。"半小时后，威廉被录取了。

如果一个人每天被一大堆琐事牵绊着，才会觉得人生是充实的话，那么这个人真应该花上一些时间，好好冷静地重新检讨一下事业及人生真正所追求的目标。喜欢运动的人埋首办公室而放弃上体育馆的机会，却告诉自己说太忙，这只是寻求自我心理安慰的托辞；拖拖拉拉办事的人，却说是因为太多重要的事等着自己去做，这更是给自己寻找借口。每个人手头上都有一些未完成的琐事，不断地东摸摸西摸摸，就会分散掉许多注意力，久而久之就会形成惰性，每个人都要学会把握良机，该出手时就出手。

"当断不断，反受其乱。"君子之交，不在于形式，而在于共同的精神实质。作为朋友，最可喜的是能够友谊长存，和平相处，从彼此身上学到优点与长处，使自己的道德与学问不断进步。而最可悲的莫过于失去彼此之间的忠诚，做出损害对方名誉与地位的事。如果我们遇到的打击来自敌人，我们可以用钢铁一般的意志去迎接，去回击，即使伤痕累累也不会垮掉。但如果打击的力量出自自己的朋友，那么必然有内心受伤的感觉，更无法用坚强的意志去反抗了。对不义的朋友，最好的处理方法是断义绝交，因为不义是他的错误，你大可不必拿来惩罚自己。

决断并非是一意孤行的"盲断"，也并非是逞一时之快的"妄断"，更非一手遮天的专断——决断除了要有客观的"事实"根据、高超的预见性外，还要有决心与魄力。英明的决断是抓住机会的保障。人生充满了选择，不管是读书、创业或者婚姻，我们总要在几个可供"选择"的方案中，做一"赌注式"的决断。对于我们的选择，其结果究竟是好是坏，往往没有明确的答案。但机会难得，想再回头重新来过，是绝不可能的。决断是各种考验的交集，唯有放眼天下，正视眼前的挑战，我们才能运用自己所拥有的智慧做出正确决断，迎接时代的挑战。

3. 保持冷静，原则性灵活运用

在重大关头，要做出正确决断是一件很困难的事情，以至于古代圣贤需要利用占卜来帮助决断。越是情况危急，越应该沉着、镇定，控制好自己的情绪，以免让事情陷入更为复杂的境地。

东汉光武帝时大司马吴汉奉命讨伐割据一方的公孙述，进入成都地区。结果一战下来吴汉大败，被敌军围困，而援兵迟迟未到。一些部将要求率主力杀出重围。在这危急关头，吴汉丝毫不乱阵脚，召集各部将要他们稳住军心。之后，吴汉关门闭户三天坚持不再出战，同时以酒肉款待将士，喂足战马，以逸待劳。他还令人在寨中增设战旗，大放烟火以迷惑敌人，后乘敌军大意之时，夜间率精兵杀出重围，成功与援兵会合。

沉着冷静、随机应变，让吴汉在险境中保存了再战的实力，最终反败为胜。在生活中的危急时刻，我们如果也能做到如此，又何愁不能渡过难关呢？

其实，在面临重大选择的关口，任何人都不可避免地会出现焦虑或紧张的情绪，这就要看你是否能够自我调节、自我克制了。淝水之战，谢安和张玄下棋时神闲气定，其心中未必不忐忑不安。这一点在客人告辞后他的反应中便可看出。当时的谢安抑制不住心头的喜悦，舞跃入室，把木屐底上的屐齿都碰断了。由此看来，面对危机，只有自我调节，才能最终取胜。保持果敢、沉着、镇定的态度，方能显出英雄本色。

汉景帝即位后，鉴于藩王势力太大，采用了晁错的削藩良策，削夺藩王们的封地。吴王刘濞是刘邦的侄子，一直阴谋叛乱。汉景帝听从晁错的建议，决定先削夺吴国的会稽和豫章两郡。刘濞不愿束手就擒，联合各地诸侯王，打着"诛晁错，清君侧"的旗号，揭开了"七国之乱"的序幕。叛军声势浩大，很快占领了大片土地。这时，平日和晁错有怨的大臣趁机劝说汉景帝杀掉晁错，以保国家安全，平息叛乱。汉景帝此时也乱了方寸，他竟听信谗言，将晁错腰斩于长安东市。同时，汉景帝下诏书招降吴王刘濞，刘濞笑道："我现在已经是东方的皇帝了，谁还有资格对我下诏书？"此时，汉景帝才对错杀晁错悔恨不已，赶忙调派周亚夫等将领率兵平定叛乱。周亚夫采用截断叛军粮道，然后坚守不出的战略，最终击溃了叛军，仅用三个月便将叛乱彻底平定。

汉景帝是缔造了"文景之治"盛世局面的一代明君。他在位期间平定"七国之乱"，在历史上写下光辉的一笔。但他错杀晁错一事，属于决断失误，留下了永远抹杀不去的污点。

东晋的时候，大将军王敦叛乱，打了败仗，不久就病死了。王敦的哥哥王含和儿子王应，也都跟着王敦一起谋反。王敦死后，王应想去投奔江州刺史王彬，王含不同意，他认为应该去投奔荆州刺史王舒。王含说："王彬平时总和大将军发生争执，你还想去投奔他！"王应说："这才是应该去的原因，父亲强盛的时候，王彬能够坚持己见，他才是真正的大丈夫。看到别人面临困境，他一定会表示同情。而王舒没有什么度量，恐怕不会收留我们。"王含坚持要去投奔王舒，王应只好随他前往荆州。王舒果然把他们抓住，丢到江里去了。而王彬听说王应他们会来，已秘密准备好船只等候他们，谁知他们竟然没能来，王彬感到非常遗憾。

在性命攸关的时刻，王应能做出如此准确的判断，确实十分难得，可惜他没能坚持己见，听从了王含的建议，最后死于非命。

可见，重大关头做出决断，要求决断者要胆大心细，能准确抓住对方的心理，有的放矢。

当然，还要恪守原则，懂得变通，以灵活的方式处理问题，事情才会向有利于自己的方向发展。

4. 风险决策的辩证法

日本一位具有丰富经验的企业家说过："风险与利益的大小是成正比的，如果风险小，许多人都会去追求这种机会，因此利益也不会太大；如果风险大，许多人就会望而却步，所以能得到的利益也就大些。"因此，决策虽有风险，但更有利益，为了组织的利益，理应敢冒风险，果断决策。

诸葛亮因错用马谡而失掉战略要地——街亭，魏将司马懿乘势引大军十五万向诸葛亮所在的西城蜂拥而来。当时，诸葛亮身边没有大将，只有一班文官，所带领的五千军队，也有一半运粮草去了，只剩两千多名士兵在城里。众人听到司马懿带兵前来的消息后都大惊失色，只有诸葛亮淡定自若，他登城楼观望后，对众人说："大家不要惊慌，我略用计策，便可叫司马懿退兵。"

于是，诸葛亮传令，把所有的旌旗都藏起来，士兵原地不动，如果有私自外出以及大声喧哗者，立即斩首。又叫士兵把四个城门打开，每个城门口派20名士兵扮成百姓模样，洒水扫街。诸葛亮自己则披上鹤氅，戴上高高的纶巾，领着两个小书童和一张琴，到城上的望敌楼前凭栏而坐，燃起香，然后慢慢地弹起琴来。

司马懿的先头部队到达城下，见了这种气势，都不敢轻易入城，便急忙返回报告司马懿。司马懿听后，笑着说："这怎么可能呢？"于是便令三军停下，自己飞马前去观看。离城不远，司马懿就看见诸葛亮端坐在城楼上，笑容可掬，正在焚香弹琴。左面一个书童，手捧宝剑；右面也有一个书童，手里拿着拂尘。城门里外，20多个百姓模样的人在低头洒扫，旁若无人。司马懿看后，疑惑不已，便来到中军，令后军充作前军，前军作后军撤退。他的儿子司马昭说："莫非是诸葛亮家中无兵，所以故意弄出这个样子来？父亲您为什么要退兵呢？"司马懿说："诸葛亮一生谨慎，不曾冒险。现在城门大开，里面必有埋伏，我军如果进去，正好中了他们的计。还是快快撤退吧！"于是各路兵马都退了回去。

空城计是《三国演义》里特别精彩的一个计谋，历来为人们津津乐道。空城计是诸葛亮在形势危急的情况下而布置的疑阵，借以迷惑敌人，渡过险关，是一种心理战术。它不是靠实力战胜敌人，而是通过研究敌人主帅的心理，以谋胜敌，惊退敌兵。军事上一般在敌众我寡的情况下，为解燃眉之急时才使用，最后要战胜敌人，还得靠实力和对实力的运用。

现代商战中，经营者在形势不利的情况下也会运用"空城计"——抓住竞争对手分析判断问题的惯性心理，发挥奇思妙想，配以虚张声势的行动，往往能收到"柳暗花明又一村"的效果。此计在商战中运用的关键是用假象迷惑敌人，使竞争对手摸不到自己的真实底牌，从而不敢贸然行动。

许多看似不冒风险的决策，实际上是在冒更大的风险，这就是风险决策的辩证法。

诸葛亮用空城计退走司马懿后，那些吓得魂不附体的文官说："丞相玄机，神鬼莫测。若某等之见，必弃城而走矣。"殊不知越是弃城而走，死得越快。曹军大举南下时，刘琮若举荆州之兵抵抗，即便不胜也能多活一段时间。因为不敢冒险，以为投降了曹操仍能做个大官，哪里想到图本一献，一命呜呼。曹爽也是一样，因游猎而被司马懿阻于洛阳城外，不敢采纳下属的建议用手中的将印调兵与司马懿交战，而把将印交给司马懿，以为能图个富贵，未想到印交了命也没了。

当今一些企业的决策者，不懂辩证法，往往满足于眼下的产品畅销，而不想冒点风险去开发更为先进的产品。须知盛极必衰，老产品终有滞销的一天。当前不冒小风险，却会给将来带来大风险。风险决策需要胆量和魄力才能做出，但在实施时，则需要仔细小心，只有这样，才能使成功的希望不断增多，直到最后如愿以偿。诸葛亮实施空城计时，布置周全细密，不露半点破绽，倘若有一丝漏洞，司马懿的大军便会蜂拥入城。周瑜执行孙权的抗曹决策，谨慎地把握赤壁战前的每一个步骤和环节，方方面面都仔细考虑，待准备充分之后，方才乘着东南大风，渡江纵火，一举成功。董承等人谋杀曹操，准备让太医吉平在给曹操治病时在药中下毒，但因疏忽大意，被家奴告发，结果是董承等五人连同吉平全部被杀。决策本来就有失败的风险，如果实施时不仔细小心，出现漏洞和差错，无疑是在加大失败系数。

在现代经济领域形势日益复杂、竞争日趋激烈的情况下，指望不冒半点风险就能摘取丰硕的成果是不可能的。决策者不能惧怕和回避风险决策，这是毫无疑义的。但话说回来，风险决策毕竟有失败的可能，不能胡乱拍板。所冒风险，一要是不得不冒的风险，二要是值得一冒的风险，三要是成功的可能性大于失败的风险。必败无疑的风险，无谓的风险，能够避开而又不至于酿成更大风险的风险，是绝对不能冒的。

那么到底该如何把握什么样的险是该冒的，什么时候的险是不该冒呢？其实一点不难，只要你牢牢掌握住决策的以下五个要素即可。

（1）要确实了解问题的性质，如果问题是经常性的，那就只能通过一项建立规则或原则的决策解决。

（2）要确实找出解决问题时必须满足的界限，换言之，应找出问题的"边界条件"。

（3）仔细思考解决问题的正确方案是什么，以及这些方案必须满足哪些条件，然后再考虑必要的妥协、适应及让步事项，以期该决策能被接受。

（4）决策方案要同时兼顾执行措施，让决策变成可以被贯彻的行动。

（5）在执行过程中重视反馈，以印证决策的正确性及有效性。

有些时候，无情的客观现实会逼迫决策者冒险。诸葛亮在万般无奈下，摆下了"空城计"，使自己转危为安，正如他所说"吾兵只有二千五百，若弃城而走，必不能远遁，得不为司马懿所擒乎？"所以作为决策者，我们不能惧怕和一味回避风险决策，要看准情况，该决策时就决策。

5. 目标重要，手段也要合理

鬼谷子除重申目标的重要性外，更着重强调手段的合理性。为达目的不择手段的做法，是遭人鄙夷的。再好的目标，再纯洁的动机，离开了手段的合理性，也难免会变质。

有一则古代寓言，说随侯之珠是一种非常珍贵的宝珠。有一个喜欢打鸟的人，却把随珠当作弹丸，去射飞翔在千丈高空中的一只麻雀。人们看了，都嘲笑他。做什么事，都得讲究轻重得失。为了价值甚微的目标而付出昂贵代价，是一种愚蠢的行为。

周武王刚刚建立周朝时，有一个重大的问题摆在他面前，就是如何对待商朝遗民。姜太公说："我听说喜欢一个人，就连他房上的乌鸦都喜欢；讨厌一个人，就连他家的篱笆也感到讨厌。我看，不如把他们全部杀掉。"周武王连连摇头，说："不行！太残忍了，怎么能这样做呢？"太公走了，召公进来了。武王又和他商量这个问题。他说："要是有罪的，就杀掉；无罪的，就放掉。"周武王说："可是有罪的人很多，这样我们就会杀掉太多的人。"过了一会儿，周公也来了。他知道了周武王的难题后，对周武王说："这个问题其实不难解决。让他们各自回到自己的住宅，各自耕种自己的土地，不论是旧的臣民还是新的臣民，我们都要平等地看待他们。只要他们讲究仁义，我们就和他们亲近。"周武王听了很高兴，赞叹说："有这样宽阔的胸怀，天下从此就安定了！"

可见，姜太公、召公、周公虽然都是灭商兴周的大功臣，但在见识方面还是有差距的。当然，姜太公、召公所提出的方案，目的也是为了国家安定，但这种手段确实令人难以接受。而周公提出的方案，既能达到维护安定的目标，采取的又是一种仁义的手段，因而受到周武王的称赞。

春秋时代的齐相管仲，对齐桓公成就霸业起了决定性的作用，被尊称为"仲父"。一次，管仲为了扩大齐国的影响，建议齐桓公兴兵伐鲁，结果大获全胜，占领了鲁国的遂邑。鲁将曹沫趁鲁君和齐桓公签约时，抓住齐桓公，威胁他退还占领的土地。齐桓公没法，只得签约归还战争中夺取的土地。过后，齐桓公觉得受了侮辱，就要再次率兵攻鲁，杀了曹沫。管仲立刻劝阻说："不能这样，几座鲁城，只不过是一点小利；在诸侯中树立威望，才是大利。如果诸侯知道您连被胁迫订立的盟约都不肯背弃，那就一定会立大信于天下！"果然，经过这件事情后，各诸侯都认为齐桓公是一位信守诺言的人，都愿意尊他为霸主。不久，齐桓公就当了霸主，成为"春秋五霸"之一。

还有一次，齐桓公跟夫人蔡姬在湖里划船游玩。蔡姬识水性，坐船像坐车一样行动自如。但齐桓公不懂水性，平时也很少坐船。蔡姬一时兴起，就与他开起了玩笑，使劲晃动小船。小船荡来荡去，齐桓公一时吓得脸都白了，大叫"别晃！"蔡姬毫不理睬，还哈哈大笑，齐桓公气坏了，上岸后，就打发蔡姬回娘家蔡国。齐桓公只是一时生气，并没有说要废了她。但蔡国却当真了，很快就把蔡姬改嫁出去。齐桓公大怒，想立刻率兵去扫平蔡国。但是，一个堂堂的霸主，就因为夫人的一个玩笑闹翻了脸，然后去灭掉夫人的娘家，实在是很不光彩。于是管仲就出主意说："可以先进军楚国，质问他们为什么不按时向周天子纳贡。而蔡国一直亲近楚国，这样侵蔡也就名正言顺了。"于是齐国大军南下到楚边境，这次行动获得了很多诸侯国的支持。

可见，管仲总是能在关键时刻做出正确决策，变被动为主动，力挽狂澜，这就是伟大人物的标志与价值。

办事情，在一定意义上讲就是连续决策的过程。可以想象，如果没有正确的决策，就想将事情办成，而且还要办得漂亮，这显然是不可能的。所以说，关键的时刻要看办事者的决策如何。那么，做决策时，我们应该考虑什么呢？

（1）决策质量的重要性

决策有较高的质量要求吗？是否由于质量要求而使得某种决策方式比另一种方式更合理？对决策质量的要求影响决策方式的选择：时间压力不大、问题能否解决事关全局、需要发挥创造性、需要被下属广泛接受时，要采用团体决策；时间紧迫、问题能否解决不影响全局、有先例参考时，可以采用个人或小组决策。

（2）管理者为做出高质量的决策所需掌握的信息和技能

为做出高质量的决策，管理者掌握了足够的信息吗？管理者的技能是否有利于做出高质量的决策？如果只是信息不够，那就需要从多方面收集信息；如果只是技能不够，那就要依靠领导小组的集体智慧；如果信息和技能都不够，那就要尽可能地集思广益了。

（3）问题的结构性程度

需要解决的是什么结构类型的问题？结构良好的问题（问题直观、目标明确、信息清楚且完整、方案结果确定、有先例）一般按照相应的规则与政策采用程序化决策；非结构性问题（问题新颖、唯一、不经常发生、信息不完全且模糊、无先例）一般要创造性地采用非程序化决策。

（4）下属对决策的接受或赞许程度是有效执行决策的关键

是不是只有下属所接受的决策才能被有效地执行？如果下属心里没有接受决策，但决策确实需要贯彻执行时，是否有相应的规章制度保障下属不能故意犯错？如果相应的规章制度不够完善，管理者一定要设法提高下属对决策的接受程度。下属只有接受决策，才会认真执行决策。

（5）管理者自行决策被下属接受的可能性

是否只有通过团体决策，下属才能够接受？如果管理者自行决策，是否肯定能为下属所接受？这需要管理者对自己的真实影响力（包括经验、权威、知识、水平、魅力、权力、人缘等多种因素）进行评估。简单地认为自己做出的决策只要没人反对，就是普遍接受，这对于解决问题是有害无益的。

（6）下属对明确清晰的组织目标所表现出的积极程度

下属是否把解决工作问题所要达到的组织目标当作自己的目标？如果下属认为公事是公事、私事是私事，"公私分明"这肯定是不行的。管理者一定要设法将组织的目标转化为下属的目标、将组织的利益转化为集体的利益，毕竟"人们的一切奋斗都与他们的利益有关"。

6. 制定长期战略，避免管理的盲目性

鬼谷子认为，有作为的管理者都把战略决策放在突出的地位，以避免管理的盲目性。

关于战略问题，迈克尔·波特曾经说过这样一句话："一些CEO声称，世界变得太快，他们的公司难以有长期战略。但我却说，战略比以往更重要。"

我们先来看一个三国的故事。

根据徐庶的推荐，刘备亲自到隆中拜见诸葛亮，一连三次，最后一次才得以相见。诸葛亮说："愿闻将军之志。"刘备答道："汉室倾颓，奸

臣窃命，备不量力，欲伸大义于天下，而智术浅短，迄无所就。惟先生开其愚而拯其厄，实为万幸！"

　　诸葛亮深深地感受到了刘备的诚意，开始为刘备指点迷津："自董卓造逆以来，天下豪杰并起。曹操势不及袁绍，而竟能克绍者，非惟天时，抑亦人谋也。今操已拥百万之众，挟天子以令诸侯，此诚不可与争锋。孙权据有江东，已历三世，国险而民附，此可用为援而不可图也。荆州北据汉、沔，利尽南海，东连吴会，西通巴、蜀，此用武之地，非其主不能守。是殆天所以资将军，将军岂有意乎？益州塞险，沃野千里，天府之国，高祖因之以成帝业；今刘璋暗弱，民殷国富，而不知存恤，智能之士，思得明君。将军既帝室之胄，信义著于四海，总揽英雄，思贤如渴，若跨有荆、益，保其岩阻，西和诸戎，南抚彝、越，外结孙权，内修政理；待天下有变，则命一上将将荆州之兵以向宛、洛，将军身率益州之众以出秦川，百姓有不箪食壶浆以迎将军者乎？诚如是，则大业可成，汉室可兴矣。此亮所以为将军谋者也。惟将军图之。"诸葛亮说完，命童子取出一轴画，挂在中堂，对刘备说："此西川五十四州之图也。将军欲成霸业，北让曹操占天时，南让孙权占地利，将军可占人和。先取荆州为家，后即取西川建基业，以成鼎足之势，然后可图中原也。"刘备听了之后，站起来拱手致谢："先生之言，顿开茅塞，使备如拨云雾而睹青天。"

　　隆中对策是诸葛亮从宏观上为刘备集团谋划的具有战略意义的军事路线，关系到整个刘备集团的生死存亡。隆中对策的被采纳和付诸实行，是刘备集团从无法生存转向赢得生存并发展壮大的分水岭。

　　没有隆中对策，就没有刘备集团最终所取得的巨大业绩，也就不会有三足鼎立局面的出现。

　　美国著名学者西蒙有句名言："管理就是决策。"如果说管理的最大失误是决策的失误，那么决策的最大失误则是战略决策的失误。决策是管理的核心，而战略决策又是决策的核心和首要。也就是说，战略决策在组织的整个决策体系中，居于主导地位。战略决策与诸多的战术决策的关系，是纲与目的关系。

刘备在屡战屡败、穷困潦倒之际，深深感觉到没有一个切实可行的总体指导思想是不行的，所以见到诸葛亮后，他先求教、后请驾。诸葛亮阐述了刘备集团生存与发展的正确道路之后，刘备便感到"拨云雾而睹青天，"一向以管仲、乐毅自比的诸葛亮，见到刘备后，也是先策划而后出山。他自加入刘备集团那天起，就有一个明确的战略方针和路线。又如，曹操在山东站稳脚跟后，即确定了"挟天子以令诸侯"的战略方针和先避免与强大的袁绍交战，待消灭周围弱小割据者后再与其一决雌雄的战略步骤。孙权在承继父兄遗业，成为江东最高统治者后，就与鲁肃一起制定了"乘北方多务，剿除黄祖，进伐刘表，竞长江所极而据守之，然后建号称帝，以图天下"的战略设想。司马昭在吴蜀两国每况愈下而自己又掌握了魏国的实权后，就确定了"先定西蜀，乘顺流之势，水陆并进，并吞东吴"的战略构想。

诸葛亮在制定战略方针时，深刻地分析了天下形势的走向，从刘备集团的现状出发，提出了联合孙权，避开曹操，先攻取军事力量薄弱的荆、益两州，然后两路进伐中原的战略构想。刘备集团在这一路线指引下，事业取得了相当大的成功。究其原因，就在于隆中战略决策的正确。

一个社会组织应该重视战略决策，更应力求制定正确的战略决策。隆中决策之前，刘备集团处处被动挨打，就是因为没有正确的战略方针。南方最大的割据势力袁术集团的败亡，也是因为先称帝后发展的错误战略指导思想所致。现代社会组织的生存和发展，首先取决于战略决策的正确与否。比如，一个企业制定产品开发战略，如果不适合市场需求状况，则产品生产得越快越多，积压就越严重，损失也就会越大。

让我们看一下贝尔公司总裁费尔是怎样决策的。

费尔在20世纪初期担任贝尔公司总裁，前后将近20年。在这段时期内，他创造了一个世界上最大规模的民营公司——贝尔电话公司。之所以有这样的成绩，主要是因为费尔担任该公司总裁期间，非常清楚地做出了四个重大决策。

第一个重大决策：贝尔电话公司必须预测、满足社会大众的服务要求，于是提出了"本公司以服务为目的"的口号。

费尔认为，应该把服务的成果视为管理人员的业绩和责任，从而，公司高阶层的职责，即在于组织及调整资源，提供最佳服务，并获得适当的收益。

第二个重大决策：费尔认为，一个全国性的电讯事业，绝不是传统公司。费尔把有效的"公众管制"视为贝尔公司的目标。这样，一方面确保了公众利益，同时又使贝尔公司顺利经营，兴旺发达。

第三个重大决策：费尔替公司建立了贝尔研究所，成为公司界最成功的科研机构之一。他的这项政策是以一个独立性民营公司必须自强不息才能保持活力的观念为出发点。一个公司如果没有竞争力，便不能成长。电讯工业的技术最为重要，技术能否日新月异决定了公司的成长壮大。贝尔研究所即起源于这一观念。

第四个重大决策：费尔在20世纪20年代萌生了融资念头，他认为许多公司之所以被政府接管，多数是由于无法取得所需要的资金。为了确保贝尔公司的生存，必须筹集大量资金。费尔发行了一种贝尔公司普通股份，直到今天，这个普通股份仍然是美国、加拿大广大中产阶级的投资对象，使贝尔公司获得了大量的资金。

费尔的这四个重大决策都与当时一般人的想法不同，但正是这四个重大决策使贝尔公司获得了巨大的成功。

在关键时刻，一个成功的决策就能使公司起死回生，而一个失败的决策则会使公司濒于破产。某公司老板见到市场上保健酒畅销，于是在未做任何科学的分析研究的情况下仓促建保健酒厂。酒厂还未建完，保健酒的畅销势头已过，因为顾客"尝鲜"的好奇心已经淡化，同时本地区冒出了很多保健酒厂。老板出于侥幸心理，同时也为了维持"面子"，仍然顽固坚持生产保健酒。结果投资1000多万元的保健酒厂不久便亏损100多万元，只好廉价破产转让，真可谓"劳民伤财"。

因此，公司决策不是"尝鲜"，而是在弄清许多问题的本质之后确定的战略目标。

7. 掌握正确决策的技巧

在关键时刻一个成功的决策就能使公司起死回生，而一个失败的决策会使公司濒于破产。

既然正确决策对身为CEO（首席执行官）的你是如此重要，那么，掌握正确决策的技巧对你而言可谓迫在眉睫！那么如何才能正确决策呢？

首先，要有决断能力。

如果你想培养你的决断能力，那你就必须有勇气，还得有真才实学。你必须善于研究和分析问题，抓住事物的本质，还必须对当前的形势做出迅速而准确的分析，只有这样，你才可能做出正确、明智、及时的决策来。

在条件极其不利的情况下，你必须具备运用正确的逻辑推理、运用常识性知识和运用分析判断的能力，才能迅速地确定应该采取什么样的行动才不至于失去转瞬即逝的大好机会。除此之外，你还需要有相当的预见能力，以便你能够预见在你的决定实施以后可能发生的情况。当形势需要你对原来的计划进行修改的时候，你要迅速采取行动对原决策做必要的修改，这样才会加强下属对你的信心。

其次，要学会安排工作的先后顺序。

当你知道什么工作可以由别人来做的时候，你就可以把它们分配出去，不要再去费心考虑它们。对于那些剩下来的必须由你本人亲自处理的事情，你也得分出主次和先后，让故事告诉你如何去处理这个问题吧。

有一个CEO，他的工作总是杂乱无章、一塌糊涂，原因就在于他不知道怎样做决策，也不知道什么事情应该先做，什么事情应该后做。任何工作对他来说都是急的，每个星期他都会给他的行政工作人员、他的部门总经理和一些分公司的总经理发去几十份画了红框并写上"加急"字样的备忘录。可结果哪件事情也没有得到及时的处理，原因在于每件事情都写上"加急"的字样，就使每一件事都变得不急，变成了日常工作。

最后，当他一筹莫展的时候，一位专家这样忠告他：

如果你能把你的问题排出个先后顺序，它们就都迎刃而解了。现在你就把你急于要办的事列出一个顺序表来，然后按照主次依次处理，在同一个序号下不要列出两项工作。在你列出了工作顺序之后，你就全力以赴地解决第一号的问题，一直要坚持到做完为止。然后再用同样的办法去处理第二号问题。不要担心这样做一天只能解决一两个问题，关键在于这样做会逐渐解决你以往日积月累下来的许多问题。这样一来，你真正关心、真正着急的事情，马上就可以解决了。你也要让你的下属根据他们工作的主次和先后列出工作日程及顺序表，也让他们按照同样的办法去做。这样，他们就会做好他们分内的工作。简单点说，你要实行急事先办的原则，一次只办一件事。即使这样仍然不能解决问题，你也不要采取其他办法，一旦你使这个系统运转起来，你就要坚持到底。这样你才能逐渐清理掉过去积压下来的事情。

我们也把这个办法推荐给各位。使用这种方法，你将会发现自己处理问题的能力和速度有了惊人的提高。你只需要使用你的决断能力去确定3件事：

（1）可由别人来做的事情。

（2）只有你才能做的事情。

（3）你自己工作的先后顺序以及你分配给别人的工作。

最后，还要掌握制订计划和下达命令的技巧。

一旦你已决定要做什么事情，那你下一步要做的就是制订一个详细的计划和下达命令，如果你想达到预期的结果，你的计划必须切实可行。

明确的任务必须分派专人去处理，各种需供应的物质和设备必须齐备，为了确保最大限度的合作，每个人和每个团体的积极性都必须充分地调动起来。为了推动中间环节的进行速度，最后期限必须明确地固定下来。总而言之，这个执行计划必须能回答如下4个特殊的问题：

（1）为什么这项工作必须得做？

（2）什么事情必须得做？

（3）谁来做？

（4）在什么时候、什么地方做？

第六章

不要忽略任何一个细节

【原文】

古善反听者，乃变鬼神以得其情。其变当也，而牧之审也。牧之不审，得情不明；得情不明，定基不审。变象比，必有反辞，以还听之。欲闻其声反默，欲张反睑，欲高反下，欲取反与。欲开情者，象而比之，以牧其辞，同声相呼，实理同归。或因此，或因彼，或以事上，或以牧下，此听真伪，知同异，得其情诈也。动作言默，与此出入，喜怒由此以见其式，皆以先定为之法则。以反求覆，观其所托。故用此者，己欲平静，以听其辞。察其事，论万物，别雄雌。虽非其事，见微知类。若探人而居其内、量其能、射其意也。符应不失，如螣蛇之所指，若羿之引矢。

【译文】

在古代，善于从反面听取对方言谈的人，就像鬼神一样善于变化谈话的方式，因此能够得出对方的实情。他们随机应变，妥当合适，对对手的控制也很周到。如果控制不周密，得到的情况就不明白清楚。得到的情况不明白清楚，心里就不踏实。要把形象和类比灵活运用，就要会说反话，以便观察对方的反应。想要听别人讲话，自己就要沉默；想要敞开胸怀交谈，就要先收敛自己的话语；想要升高，就要先下降；想要获取，就要先给予。要想对方敞开心扉，就要用形象和类比的方法打动他，以把握他的言辞。同类的声音可以彼此呼应，合乎实际的道理会有共同的结果。或者因为这个原因，或者由于那个原因；或者用来侍奉君主，或者用来管理下属。这就要辨别真伪，了解异同，以分辨对手是真实还是诡诈。活动或停止、言说或沉默，都要通过这些表现出来，喜怒哀乐也都要借助这些方式，都要按照事先确定的法则。用反向形式来得到对方的回应，以观察其本意。运用反向思维的方法时，自己首先要保持平静的心态，然后才能冷静听取对方的言辞，考察事理，论说万物，辨别雌雄。虽然对方所言有时没有论及事情本身，但是可以根据细微的征兆，推测出同类的大事。这就像刺探敌情就要深入敌境，估计敌人的能力，再摸清敌人的意图，要像验合符契一样配合默契，像飞龙一样丝毫不爽，像后羿张弓射箭一样准确无误。

【本章提要】

鬼谷子所说的"谋之深"就是见微知著，迅速做出反应和对策。月晕而风，础润而雨。战争与其他事物相较，具有较大的偶然性和不确切性。但它的发生也总是有征兆可寻，有端倪可察的。生活中，我们只有具备超常的洞察力，见微知著，迅速做出正确的反应，才能攻必取，战必胜。

1. 从细微的迹象中预见发展趋势

"窥一斑而知全豹"就是指要"见微知类",另有一句俗语叫作"见一叶落而知天下秋"。一个具有远见卓识的人,能从细微的迹象中预见到发展趋势,具有先知先觉的特殊本领。

有一个"狼子野心"的故事,说的是春秋时期,楚国有两个大官,一个叫子文,一个叫子良。子文的儿子叫子扬,子良的儿子叫子越。子越小的时候,子文对子良说:"这孩子狼子野心,会给我们家族带来灾难。"子良听了很不高兴。子文回到家,对家人说:"子越如果当了大官,你们一定要尽早离开楚国,千万不要亲近他。"子文死后,子扬和子越都当了大官。子扬没有听从父亲的告诫,继续留在楚国。子越逐渐暴露出他的野心,他忌恨子扬的官位比自己高,于是暗中派人杀了子扬。后来,子越领兵反叛楚王,结果被楚王的大军打败,他的家族也因此受到牵连。

在子越小的时候,子文就发现他"狼子野心",听起来十分玄乎。但俗话说得好:"三岁看八十。"一个人成年后会是什么样,从小就能看出一点端倪,只是一般人都没有用心去察觉罢了。

商纣王是古代有名的暴君,但在他即位初期,还没有表现出过分的贪欲和残暴。有一次,他命工匠用象牙为他制作筷子,他的叔父箕子劝阻他说:"吃饭用普通的筷子就可以了,为什么要用昂贵的象牙筷子呢?你用上象牙筷子后,一定不会满意普通的杯盘,必然会换成精美的玉器。餐具一旦变成这些东西，你就一定不会再吃普通的菜肴，而要每顿都享用山珍美味。紧接着，你一定不会再穿粗布缝制的衣裳，住在低矮潮湿的茅屋里，而必然会穿上绫罗绸缎，住进高大的宫殿里。您虽然贵为天子，也不应过度享受。"但商纣王没有听他的话。后来，事情的发展果然如箕子所料。仅仅过了几年，商纣王就变得穷奢极欲，把国家搞得乱七八糟，最终被周武王灭掉。

从一双象牙筷子的奢侈开始，商纣王毁掉了商朝数百年的基业。而箕子能从一双象牙筷子就预见纣王的堕落，足见他确实很有见地。

"窥一斑而知全豹"，这是一种高层次的判断能力。要记住的是，并不是出现了苗头，就一定会发生相应的结果。如果牵强地进行联系，也可能犯下错误。

有一个年轻人，他把家里的所有钱财都花光了，只剩下身上的一件外套。一天，他发现有一只提早飞回来的燕子。他想："啊，春天到了，我可以不用再穿外套了，不如用它换点儿钱。"于是，他脱下外套，拿去卖了。不久，又一阵北风吹来，气候变得非常寒冷。他被冻得到处躲，恰巧看见冻死在地上的燕子。他气愤地对燕子说："喂，朋友，你把我也害死了！"

从提早飞回的燕子身上，年轻人得出了"不用再穿外套"的结论，这显然是荒谬的，至少也应该看看天气情况再定。结果燕子冻死了，他也只能穿着单衣挨冻。

在现代商业领域，优秀的企业家都具备"窥一斑而知全豹"的能力。他们在决定进入一个大的目标市场之前，总会在小范围内做一些调查，然后再决定下一步的行动。

例如，某国的某牙膏在进入日本这个大的目标市场时，并没有采取贸然进入、全面出击的策略，而是先在离日本本土最近的琉球群岛上开展了一连串的广告公关活动。他们在琉球群岛上赠送样品，使琉球的每一个家庭都有免费的牙膏使用。因为是免费赠送的，所以琉球的居民不论喜欢与否，每天早上总是会用此牙膏。这种免费赠送活动，引起了当地报社和电视台的注目，他们把它当作新闻发表，甚至连日本本土的报纸、月刊也大加报道。于是，牙膏公司在广告区域策略上就达到了自己的目的：以琉球作为桥头堡，使得全日本的人都知道此牙膏，以点到面，广告效益十分明显。

在不明确目标市场情况的时候，先在其邻近地区展开宣传，逐步探知目标市场对产品的接受程度，并且让目标市场的消费者熟悉自己的产品，这完全符合鬼谷子所说的"虽非其事，见微知类"，确实是一条稳健可行的策略。

2. 控制和设计谈话的细节

鬼谷子告诉我们，言说谋略都要提前设计细节。急中生智固然是一种难得的智慧，但不应该作为一种追求。我们应努力做到的，是控制谈话中的细节。通过细致的准备，最大限度地提升进言成功的可能性。

优孟是春秋时有名的戏子，深得楚庄王的宠爱。楚国贤相孙叔敖死后不久，优孟在郊外遇见孙叔敖的儿子，发现他竟沦落到砍柴为生的地步。优孟决心帮他渡过难关。经过一番思考后，优孟特制了一套孙叔敖生前常穿的官服，细心模仿孙叔敖的一举一动。一天，楚庄王在宫中大宴群臣，优孟穿着孙叔敖的官服走了过来。楚庄王远远一望，误以为孙叔敖复活，惊讶不已。及至近前，才看出是优孟所扮。楚庄王想起孙叔敖，感慨地对优孟说："你若有孙叔敖的才干，我愿意拜你为相。"优孟不以为然地说："那又有什么好处，死后连后代的生计都保障不了！"接着，他把孙叔敖儿子的状况如实告诉了楚庄王。楚庄王听后，幡然醒悟，下令召孙叔敖的儿子入朝，加官晋爵。从此，孙叔敖的儿子过上了富裕的生活。

优孟并不是直接劝谏楚庄王，而是花了大量精力，模仿孙叔敖的言行举止，对楚庄王进行旁敲侧击，使楚庄王明白"人走茶凉"这一做法的危害性，从而帮助孙叔敖的儿子改善了生活条件。

倘若优孟不是采用上述方法，而是凭着一股义气，向楚庄王慷慨陈词，恐怕很难收到预期的效果。可见，要达到说服别人的目的，首先要做到鬼谷子所说的"己欲平静"，万万不可产生急躁的心理。尤其是在危机重重的时候，当事人更要平心静气，关注细节。

春秋时期，有一年鲁国遭到严重灾荒，齐孝公乘人之危，亲率大军讨伐鲁国。鲁僖公得知消息后，非常害怕，不知如何是好。这时，手下有一谋臣建议说："为今之计，应该马上派人带上礼物去问候齐孝公。这样做一是表示友好，二是显示鲁国也有所准备，让他们有所顾忌。"鲁僖公觉得有理，便派大夫展喜带着牛羊、酒食去犒劳齐军。展喜日夜兼程，在齐鲁边界上堵住了齐孝公。展喜对齐孝公说："我们君王听说大王亲自到我国来，特地派我前来慰劳贵军。""你们鲁国人害怕了吧？"齐孝公傲慢地说。展喜不卑不亢地回答："那些没有见识的人可能害怕，但我们鲁国的君臣却一点也不害怕。"齐孝公听了，轻蔑地说："你们鲁国国库空虚，老百姓家中缺粮，地里没有庄稼，连青草也看不到，你们凭什么和我们齐军交战？又怎么会不害怕？"展喜胸有成竹，不慌不忙地说："我们的军队的确没有齐军强大，但我们并不害怕，因为我们依仗的是周成王的遗命。当初，鲁国的祖先周公和齐国的祖先姜太公，同心协力地辅助成王，废寝忘食地治理国事，终于使天下大治。成王对他俩十分感激，让他俩立下盟誓，告诫后代的子子孙孙，要世代友好，不要互相侵害，这都是有案可查的。我们的祖先是那样友好，大王您又怎么会贸然废弃先祖盟约，进攻我们鲁国呢？我们正是依仗着这一点，才不害怕的。"齐孝公听了，觉得展喜的话很有道理，而且展喜态度从容，齐孝公觉得鲁国已经做好了迎战的准备，于是就打消了伐鲁的念头，班师回国了。

展喜能言善辩，临危受命，凭三寸不烂之舌智退齐军。他之所以能够态度从容，胸有成竹，就是因为他有所准备，坚信凭借自己的满腹才华一定可以应付得了。

古往今来的杰出人士，尤其是领袖人物，无不具有深厚的个人涵养，他们对细节的重视程度非普通人可以想象。"二战"英雄、英国首相丘吉尔是闻名于世的政治家、外交家，他在应付大场面时的谈吐、风度令人倾倒。可谁又知道，丘吉尔每次接待外宾，都要提前几天就开始准备材料，为了设计每一句话，甚至睡觉时都在琢磨。我们往往只了解他风光、潇洒的一面，却很难想象他为此所付出的艰辛努力。

3. 厚积薄发, 积弱为强

《荀子·劝学篇》中说："不积跬步, 无以至千里; 不积小流, 无以成江海。"没有一步步地行走, 就不可能到达千里之外; 不汇集众多的溪流, 就没有汪洋大海; 没有平时点滴的积累, 就不可能取得惊人的辉煌成就。"千里之行, 始于足下。"要想取得成功, 最重要的就是要善于广泛积累知识, 要学会厚积薄发, 积弱为强。

生活中的"凡人小事", 因为它"凡", 它"小", 人们常常看不起, 从而不屑去做。"汪洋大海汇自小溪"的道理虽然人人皆知, 可惜从中受益者却屈指可数。有些人常常把大与小割裂开来, 以为大就是大, 小就是小, 而不能看到这其中的有机联系。

有这样一则寓言。在一个漆黑的晚上, 老鼠首领带领着小老鼠外出觅食, 在一户人家厨房的垃圾桶中有很多剩余的饭菜, 老鼠们十分惊喜。正当这群老鼠在垃圾桶边大吃大喝时, 突然听到令它们肝胆俱裂的声音——一只猫的叫声。于是老鼠们四散逃窜。大花猫动作敏捷地穷追不舍, 有两只老鼠逃走不及, 被大花猫捉到, 正当大花猫要吞噬它们之时, 突然传来了一连串凶恶的狗吠声, 大花猫惊慌失措, 仓皇逃跑。大花猫一走, 老鼠首领便从垃圾桶后面走出来说："我早就对你们说过, 多学一种语言有利无害, 这次没有我你们就死定了。"

人和人虽然是平等的, 但也是有区别的。不同人在面对困难时所能调度的资源是不同的。人和人的区别主要在于后天的学习, 后天努力学习的人在困难时所能调度的资源自然十分丰富, 后天疏于学习的人, 在遇到困难时所能调度的资源就十分有限了，只有不断激励自己的人，才能更适应竞争日益激烈的现代社会。

每个人都有一个天然的宝库——潜能。不过，大多数人心中的潜能都是在酣睡的，一旦潜能醒来，宝库打开，连你自己都吃惊，如果你想创造美好的明天，就应将自己能自由使用的时间投在有实际价值的事情上。

鲁迅先生说得好："必须如蜜蜂一样，采过许多花，这才能酿出蜜来，倘若待在一处，所得就非常有限，枯燥了。"任何成功人士，都具有广博的知识，开阔的视野，都善于积累。假如诸葛亮不懂得天文、气象知识，就不能整合天文气象资源，谋划出"草船借箭""巧借东风"等计谋。诸葛亮曾经讲："故为将而不懂天文，不识地利，不知奇门，不晓阴阳，不看阵图，不明兵势，是庸才。"诸葛亮不拘泥于一家，而是涉猎百家之学，曾专门写过《论诸子》："老子长于养性，不可以临危。商鞅长于理法，不可以从教化。苏张长于驰辞，不可以结盟誓。白起长于攻取，不可以广众。尾生长于守信，不可以应变。王嘉长于遇明君，不可以事暗王。徐子将长于明臧否，不可以养人物……"诸葛亮取各家之所长，避各家之所短，融诸子百家之学为一炉，拥有极其渊博的学识，固图谋划策，出神入化。

"天才只不过是普通人中有些学识，非常努力的成功人而已。"牛顿说自己那么多伟大的发现"只是不断地思考罢了"。爱因斯坦说："我没有什么特别的才能，不过喜欢寻根刨底地追究问题罢了。"他们都认为自己所有的成功是勤奋和积累的结果。约翰·亨特说："我的脑子就像一个蜂窝，虽然外面看起来吵闹和混乱，可实际上却是很有规律和规则，成果来自于辛勤的劳动，来自于大自然最精华的采集。"大卫·威尔基说："我的每一点提高都是勤奋努力的结果。"

等待运气的人躺在床上，希望邮差带来一笔遗产的消息，而劳动者天亮就开始工作，用忙碌的双手奠定富足生活的基础。时间对任何人、任何事都是毫不留情的，是专制的。时间可以毫无顾虑地被浪费，也可以被有效地利用。人最宝贵的财产就是手中的时间。司马光编《资治通鉴》十九年，几乎付出了他全部的精力和心血。因为担心自己睡过头耽误写作，司马光特地做了一个圆木枕头，一翻身枕头就会滑落，自己就能惊醒。

"骐骥一跃，不能十步；驽马十驾，功在不舍；锲而舍之，朽木不折；锲而不舍，金石可镂。"我们在争取成功的过程中，绝不应低估进取心的重要性。进取心是一种极为难得的美德，它能驱使一个人在不被吩咐应该去做什么事之前，就能主动地去做应该做的事。

如果思想是个雕塑家，它能把你塑造成你要做的人，那么进取心就是魔术师，它可以把你的潜能发挥到极致。伟大的教练文斯·尤巴第曾对他的球队说过简短而振奋人心的话："当欢呼声消失了，体育场人去楼空后，当报上的大标题已经印出，你回到自己安静的房间，超级奖杯放在桌上，所有的热闹都已经消失，剩下的只有致力于完美，致力于胜利，致力于尽我们的最大努力，以使这世界变得更好。"进取心是激发我们创造伟大成就的动力。

"一语不能践，万卷徒空虚。"一个人越会储蓄就越会致富，而一个人越能求知，就会越有知识。多储存一份知识，生命就多一份丰富。这种零星的努力，细小的进益，日积月累，必定可以使你大有收益，可以使你变得更加完美，更为丰满，也可以使你更自如地应付人生。

"三人行，必有我师焉。"你每天所遇到的每个人都可以使你的知识有所增益。假如你遇见的是一个渔夫，他能帮助你认识神秘的海洋；假如你遇见的是一个猎人，他能告诉你森林中的故事；即使你遇到的是一个普通的农夫，他会告诉你四季的奥秘……从每个可能的地方摄取知识，这是使你成为博学的人的有效途径。

没有翻不过去的山，也没有蹚不过去的河。正如尼采所言："如果你想走到高处，就要使用自己的两条腿！不要让别人把你抬到高处，不要坐在别人的背上和头上。"只要注重积累，"博观而约取，厚积而薄发"，就能实现你的梦想。即鬼谷子所言："为强者积于弱也，为直者积于曲也，有余者积于不足也。此其道术行也。"

4. 不轻小节，才能成事

鬼谷子说得好："有近而不可见，远而可知。"为什么在近处的反而看不见呢？因为近处的东西太平常了。同样的道理，我们生活中有很多事情不被重视，因为它们太小了。但是有句古话说："不积跬步，无以至千里。"想干大事的人，怎么能轻视小节呢？

有个富家子弟特别爱吃饺子，每天都要吃。但他只吃馅，吃完了就将饺子皮丢到屋子后面的小河里。好景不长，在他十六岁那年，一把大火烧了他的家，父母也相继病逝。这下子他身无分文，又不好意思要饭。邻居家大嫂是个好人，每顿送给他一碗面糊糊吃。他则洗心革面，发奋读书，发誓三年后考取官位回来，好好感谢大嫂。三年后，他果真中了魁，做了官，于是他衣锦还乡去见大嫂。大嫂什么礼物也不愿意接受，只是对他说："你不要感谢我。我没给你什么，三年来你吃的饭都是当年你丢下的饺子皮，我收集晒干后装了好几麻袋。本来是想备不时之需的，正好你有需要，就还给你了。"这人听后愣住了，继而思考良久……

世间万物都是由小到大发展变化而来的，都有一个由量的积累到质的变化的过程。一个人的本性是善的，可是如果不注意修养自身，日后也可能逐渐地变坏。这就是"勿以善小而不为，勿以恶小而为之"的道理。

周武王灭掉商朝，做了天子以后，远方的西戎国派使臣送来一条大狗。这条狗是西戎的特产，非常名贵，周武王高兴地收下了。召公担心周武王贪图享受，就劝谏他。周武王觉得不过是收下一条狗，没什么大不了的。召公说："贤明的君主应该给百官做出表率，随时注意积累自己的德行，哪怕是小细节也应该注意。大德是从小德中积累而来的，就好像用土去堆一座很高的山。如果在山只差一筐土的高度就堆成了时，你停止了，就不能成功，这不是太可惜了吗？您是一个贤明的君主，可不能犯这种错误啊！"周武王听了召公的劝告，从此专心治理朝政，最终成为一位贤明的君主。

召公说得没错，越是干大事业的人，越应该注意小节。俗话说"千里之堤，溃于蚁穴"，垃圾堆里的一点火星，也可以把一座宫殿烧成灰烬。"一子落错，满盘皆输。"当你站在高处时，身上任何一个微小的弱点都可能成为敌人集中火力攻击的目标。荷马史诗中的著名英雄阿喀硫斯刀剑不入，但他的脚后跟却是他的致命之处。就因为有了这个弱点，他终于死在太阳神的箭下。

在别人都能看到的时候，言行有节，这是很容易的；但是在别人看不到的时候，依然能不改操守，注重生活小节，这就不是人人都能做到的了。蘧伯玉"不欺暗室"的故事，就证明了这一点。

蘧伯玉是卫灵公时著名的贤大夫。一次，卫灵公与夫人南子在宫中夜坐，先听到辚辚的车声，可车声到宫门时就消失了。过了一会儿，辚辚的车声又响起来。卫灵公就问夫人说："你知道刚才过去的人是谁吗？"夫人说："应该是蘧伯玉。"卫灵公问："你怎么知道呢？"南子说："君子是非常注意自己的生活细节的，车走到宫门口时没了声音，那是车的主人让车夫下车，用手扶着车辕慢行，为的是怕车声打扰国君。能这样做的人，除了蘧伯玉还有谁？"卫灵公派人去看，果然是蘧伯玉。

只有像蘧伯玉这种"不欺暗室"的人，才是真正的君子，因为他做事不是为了赢得美名，而是坚持自己的信念。对自己诚实有时比对他人诚实还要难。

一个人能不能干成大事，有很多种检测的方法，但最简单的一种，就是看他在处理小事时的态度和做法。

明朝抗倭名将戚继光出身于将门世家，他的父亲戚景通对他管教很严格。戚继光十二岁的时候，有一次，有人送给他一双漂亮的丝织鞋子。戚继光很喜欢这双鞋，就穿着它跑来跑去。戚景通一见，十分恼火，立刻将儿子叫住，斥责道："你有吃有穿，还不知道满足，小小年纪就穿这样的鞋子，长大后，你就会去追求荣华富贵。要是你今后当了军官，说不定还会侵吞士兵的粮饷，后果不堪设想啊！"戚继光听了父亲的教诲，感到十分惭愧，立刻弯腰脱掉丝鞋，换上了布鞋。从此，他再也不追求奢侈了。即便是当上了将军，他也依然过着俭朴的生活。

现代社会，人们都希望自己能过上富足的生活。而使自己变得富裕的方法有很多，但最重要的一点就是要珍惜自己的钱，善用自己的钱。你省下来的或额外得到的每一分钱，都是自己的资产，说不定什么时候就会派上用场，发挥关键作用。

有两个年轻人一起找工作。一个是英国人，一个是犹太人。一枚硬币躺在地上，英国青年看也不看地走了过去，犹太青年却激动地将它捡起来。英国青年对犹太青年的举动露出鄙夷之色："一枚硬币也捡，真没出息！"犹太青年望着远去的英国青年心生感慨："让钱白白地从身边溜走，真没出息！"后来，两个人同时走进一家公司。公司很小，工作很累，工资也低。英国青年不屑一顾地走了，而犹太青年却高兴地留了下来。两年后，英国青年还在寻找令自己满意的工作，面试他的老板正是那位犹太青年。英国青年对此很不理解，他问："为什么你能这么快成功呢？"犹太青年说："因为我没有像你那样从一枚硬币上迈过去。你连一枚硬币都不要，怎么会发大财呢？"

在对一枚硬币的取舍中，英国青年以他的绅士风度选择了藐视，最终一无所获；而精明的犹太青年却不放过任何一个积累财富的机会，终于成了大富翁。这里边难道没有值得我们深思的东西吗？

疏忽小节的人，最终做不成大事。古人所说的"一屋不扫，何以扫天下"，也正是这个意思。

5. 消除隐患，防微杜渐

鬼谷子分析了古代圣贤应付社会危机的办法，概括来说，就是"防微杜渐"四字。在危机刚刚露出苗头的时候，圣贤们就能找到解决的办法。

有一只燕子，它在飞行途中学到了不少知识。播种的季节里，燕子对小鸟说："你们看，人类撒下的种子，用不了多久就会毁掉你们！你们得赶快把种子吃掉。"小鸟对燕子说："燕子，你在说傻话吧！大田里可吃的东西太多了，小小的种子值得一吃吗？"转眼间，大田里长出了绿油油的苗，燕子着急地对小鸟说："趁还没有结出可恶的果实，赶紧把这些苗统统拔掉，不然的话，你们就会遭殃。"小鸟不耐烦地说："你这个预言灾祸的丧门星，别整天瞎唠叨！"庄稼就要成熟了，燕子说："可怕的日子就要来到。一旦人们收割完庄稼，秋闲下来的农民将拿你们开刀，到处都是捕鸟的夹子和罗网。你们最好待在家里别乱跑，要么跟我一起飞到温暖的南方吧。"小鸟把燕子的忠告全当作耳边风，根本不理它。秋天到了，庄稼熟了。燕子飞到了南方，过着舒服的日子。而大田里的小鸟们不是被关进了鸟笼，就是被吃掉了。

当危机出现苗头的时候，智者就能敏锐地察知，而愚者还蒙在鼓里，对智者的忠告不屑一顾。古代圣贤明君能把国家治理得很好，就因为他们能及时发现问题，在危机还处于萌芽状态的时候就加以消除。反过来，那些亡国之君，像秦二世、隋炀帝之流，则对天大的危机视而不见，最终使大好江山在自己手里败落。

天下刚刚安定，需要创造一个和平安宁、休养生息的环境。但要想维护这个和平环境是很不容易的，一旦放松警惕，就难免有沉渣浮起，搅浑一池春水。所以，为政者要明白，休养生息不等于"刀枪入库，马放南山"，即便无事可做，也要时刻戒备。危机和危难往往蕴藏于太平盛世、安定祥和之中。而危机和危难的爆发，肯定有其最初的细微诱因和苗头。我们要时刻不忘居安思危，将这些诱因和苗头消灭在萌芽之中，切不可等酿成大乱后再去处理。

上海解放之初，百废待兴。最大的问题是经济萎缩、商品短缺、物价上涨、市场失控。此时，一些投机商人及不法资本家仍不断制造混乱，妄图颠覆人民政权。他们把陈毅市长"赶快洗手不干，否则勿谓言之不预"的警告置之不理，大肆囤积物资、哄抬物价，甚至策划掀起投机狂潮。然而，他们低估了人民政府的能力。当那些不法资本家和投机商在新年市场上大量购进和囤积商品时，在陈毅市长的领导下，上海市人民政府也储备了大量物资，使投机商和不法资本家的如意算盘落了空，有的还受到致命的打击。从此，上海市场物价趋于稳定。上海的稳定在全国产生了良好影响，使新中国"天下大定"。

"防微杜渐"这四个字，既适用于国，也适用于家。家庭是社会的细胞，只有家庭美满、幸福，社会才能稳定发展，要做治国平天下这样的大事，先要从日常居家小事做起，从一言一行做起。老子说过："千里之行，始于足下。"若小节不修，言行不信，虽是小事也能酿成大的祸端。所以家要在一开始就立下规矩，不脱离正常的轨道。只有如此才能使家中诸人和睦友爱，家族兴旺繁盛。

曾国藩被后人戏称为治家八宝饭的"书蔬鱼猪，早扫考宝"，勤俭孝友就是其齐家理论的核心。"书蔬鱼猪"是一家生产力的表现；"勤俭孝友"是一家精神力的表现，二者相辅相成。曾国藩熟读前人书籍，知道自古以来很多的钟鸣鼎食之家相继败落，无不是因为子孙骄奢淫逸所致。因此他屡次训诫后辈说："家败，离不得个'奢'字。"他还要求主持家政的弟弟澄侯把金日磾、霍光这样的正反事例"解示后辈"，意在要后辈戒奢戒骄。所以曾国藩在家训中，时时强调一个"俭"字。曾国藩治家有方，兄弟多有建树，子孙也人才辈出，家中一团和气，尊老扶幼，子孝妻贤，世世代代广为流传。

一些目光远大的杰出人士，往往都明白这个道理，因此他们懂得节制自己儿女的物欲。美国前总统肯尼迪的父亲约瑟夫是美国最知名的五大企业家之一。为了防止今后不测，约瑟夫给每个孩子存了一千万美元的委托金，但他绝不让富裕腐蚀他们。为使孩子们懂得如何节俭，他每月给他们很少的零花钱。肯尼迪成为总统后，报纸曾公布过他十岁时向父亲递交的一份正式请求，请求父亲将他的零花钱由每星期四毛提高到六毛，但父亲未予准许。然而，另一方面，约瑟夫又十分注意培养孩子的美好品性。他经常邀请知名人士来家里聚宴，鼓励孩子们参与他们的谈话。他让男孩子们全部进非教会学校读书，扩大视野。他的四个儿子后来全进了哈佛大学，并个个有所作为。

《周易》中说："君子藏器于身，待时而动。"我们一旦觉察到隐患随时可能萌生，就要用"器"将它斩杀于摇篮之中，做到防微杜渐。这便是鬼谷子抵巇之术的精髓。

成功人士时刻都充满了危机感。因为他们知道，人生充满了变数，风险无处不在，各种风险因素是自己所不能完全控制的。这就意味着人生不可能总是平平安安，一帆风顺。一旦有一天某个因素发生变化，就有可能遭遇危险乃至失败。古语云："人无远虑，必有近忧。"如果你没有远虑，没有危机感，没有及早做好充分的准备，对于可能发生的事情缺少应对的策略，一旦生活出现危机，你就只能仓促应对，甚至变得惊慌失措，束手无策。孟子说过："生于忧患，死于安乐"，没有一点远虑的人最终会被眼前的安乐所葬送。在生活中如此，在商场上就更是如此。一位外国巨商这样说道："在今天，你不只是与国内的业者竞争，世界各地都有跃跃欲试的敌人，随时向你传来致命的一击，而且，你主要还得和自我竞赛。"

学会居安思危，能够使人们在人生道路上怡然自得，欢乐度过。我们在生活中难免会遇到这样或那样的困难与挫折，甚至有时是祸从天降。面对这一切，对于没有准备的人来说，他只能抱头痛哭，怨天尤人；而对有准备的人来说，却可能会因祸得福，柳暗花明，走出一片新天地来。如果说机遇只偏爱那些有准备的人，那么祸神就只光临那些没有准备的人。会居安思危的人在困难降临时，甩甩头，耸耸肩，让困难离他而去，没有半点恐慌。让我们学会居安思危，预作安排，它会让你转危为安，从容面对一切事物。这样，我们的生活也就会更加怡然自得。

做事应该未雨绸缪，居安思危，这样在危险突然降临时，才不至于手忙脚乱。很多人不论干什么事情都喜欢临时抱佛脚，其实如果平常不做好充分的准备，就算临时抱佛脚也无济于事。

6. 先声夺人，抢占"制高点"

下雨了再去支帐篷，生病了再去采药，口渴了才去挖井，临打仗了才去练兵，这样的走一步算一步，或临阵磨枪都只能是于事无补。"凡事预则立，不预则废。"处于相似社会环境中的事物，虽然表面上大相径庭、各具特色，但实质上却是大致相同的。鬼谷子认为，聪明人会从不经意间流露的细微之处推知与主题密切相关的事物，从而抢占先机、周密安排、争取时间、设置计谋、提高效率、先发制人。

印度裔钢铁大王米塔尔为了嫁女，打造了一场本世纪最气派、最具轰动性的婚礼。他租下12架波音飞机，将1500名各路贵客送到巴黎，参加持续了5天5夜的盛大庆祝活动。狂欢地点每天更换一次，都是极度著名而又奢靡的场所，包括著名的杜伊勒里花园、昔日路易十四大摆筵宴的王宫——凡尔赛宫以及路易十四时期财政大臣的古堡等。

在米塔尔的精心策划下，女儿的婚礼变成了一场让人瞠目结舌的豪门大戏。场面之盛大、花费之奢靡，连欧洲王室的婚礼也难以企及。米塔尔本人迅速登上各国娱乐媒体的头条，也逐渐得到欧洲上层社会的认可。

这其实是米塔尔对于其财其势的一次综合展示，目的是向外界传递这样的信息：

（1）不管你如何看，我就是这样的人，以后我还要以这种强悍的姿态出现在世界钢铁市场。

（2）要结交、要合作我欢迎，而且你绝不会吃亏；要挑衅、要压制，先看看这块巨石你能否搬得动！

可以说，这是一种身价战中的"威慑力"，对方看到你起手的气势，认为你的实力只能用深不可测来形容，于是他们连比试一下的念头都不会萌生。

许多当老板的人，都深谙此道——做温吞水，是树立不起权威的形象的。所以，只要能收到实效，稍微夸张的表现其实也无妨。

威慑力，在现实中的意义就是先发制人，抢在你没对我下手前，我先来一番强势表演，让你明白我们之间的差距，默认我的地位与价值。

当然，有威慑力的人，靠的不只是花架子，他通常还拥有不俗的实力。

1917年，辜鸿铭被蔡元培请到北京大学当教授。此时大清的辫子已剪掉多年，但辜鸿铭仍然在脑后拖着一根灰白相间的细小辫子，戴着瓜皮帽，穿着长袍，成为校园一景。他还不知道从哪里找来一个同样是清朝遗老打扮的人做车夫，每天拉着他去北大讲西方文学。据说，他第一次上课，一进课堂，学生就哄堂大笑。辜鸿铭不动声色，走上讲台，慢吞吞地说："你们笑我，无非是因为我的辫子，我的辫子是有形的，可以马上剪掉，然而诸位脑袋里面的辫子，就不是那么容易剪掉的啦。"一语既出，四座哑然。

当时，北大有不少洋教授，颇受尊重，但辜鸿铭从不把他们放在眼里。有一天，新聘的一位英国教授到教员休息室休息，见到这样一位老头倦卧在沙发上，留着小辫，长袍上秽迹斑斑，便朝他发出不屑的笑声。辜鸿铭也不介意，用一口纯正的英语问他尊姓大名，教哪一科。洋教授见此人英语如此地道，为之一震，回答说教文学。辜鸿铭一听，马上用拉丁文与他交谈，洋教授语无伦次，结结巴巴跟不上来。辜鸿铭质问说："你是教西洋文学的，为什么对拉丁文如此隔膜？"那位教授无言以对，仓皇逃离。

你高，我比你更高；你傲，我比你更傲。只要我有真东西，就不由得你不服。

世界上有许多的麻烦与是非，都是当事者的优柔寡断或姑息迁就造成的。所以一照面就把人震住，一切就可以按你预先制定的路线走。

威慑力，是先声夺人的第一招，对本身的实力和先期投入要求颇高，但是打开局面后，就可以一路顺风了。

要注意的是，凡事有度，"制人"也是同样。让人看到你强大的一面，防守的目的应当大于进攻。千万不能演着演着就来了兴致，沉溺在强硬的美好感觉里，只为表现而表现。

在科技信息异常发达、人们能够尽快掌握最新动态的今天，产品的先声夺人往往可以给人一种新奇感，刺激其好奇心，以激发起消费者的购买欲望。

比如精于名人广告的美国派克公司。

早在20世纪40年代，派克公司就曾用罗斯福总统在一文件上签字的照片大做广告："总统用的派克笔。"事隔数年，派克经销商又老戏新唱，用同样的"先声"之势，将派克笔销到冷战前的苏联市场。1988年1月3日，美国派克公司首次与苏联消费者见面，其整版广告刊登在《莫斯科新闻报上》。广告的标题用大号字排出"笔比剑更强"，标题下面还刊登了美苏两国首脑里根和戈尔巴乔夫用钢笔签署销毁中程导弹条约的大幅照片，使众多有敌意的消费者看到了和平的曙光，并成了"派克"的挚友。

在商战中，抢占"制高点"是极为重要的。在许多行业领域，制高点一旦被他人抢了去，要想再从他人手中夺过来很不容易。就像打仗，一方守在山上，一方从低处往上攻，始终会被对方压着一头。战争中谁领先一步占了山顶谁就能"赢家通吃"，谁晚一步谁就可能会全军覆灭。"好酒不怕巷子深"的传统经营之道似乎已不那么灵了，再好的商品也需要好的公关宣传。适时、准确、广泛、生动的公关宣传，先声夺人，是赢得公众、赢得市场不可或缺的手段。

第七章

察言观色，识人辨才

【译文】

所谓揣情，就是在对方情绪最高涨的时候，想办法对他施加影响，让他尽情吐露自己的欲望。因为他既然有欲望，在情绪极高时是容易流露出来的。或者在对方最担心恐惧的时候前去，极力引导他倾吐出厌恶、害怕之事。因为他既然有恐惧的心理，就隐瞒不住内心的真实情意。真实情意必定是在他的情感发生极端变化的时候不自觉地表现出来。若碰到那种在情感发生极端变化的时候也不表露真情的人，就暂且放弃他，不要再对他说什么，而应去了解他所亲近的人，探知他的意图所在。那些感情从内部发生变化的人，必然要通过形态显现于外表。所以，通常情况下，我们都是依据对方外在形貌举止的变化去了解那些隐藏在内心的真情，这就叫作察人心而揣度人的情意。

【本章提要】

世上没有两片完全相同的树叶，也不可能存在两个完全相同的人。据此，鬼谷子认为，我们说话、办事都要因人而异。只有全面而深刻地了解别人，才能"无为以牧之"，更好地实现"求其利"的目标。

当今社会，在人与人的交往中，若不懂处世的方法，肯定会处处碰壁，遭遇事业和人生的挫折。要想在这个高效运转的社会保护自己，获得发展，取得成功，过得幸福，必要时我们要改变一下自己的处世方法。学会识人辨才，学会察言观色。

1. 各尽其才，各司其职

世间万物，人是最宝贵的。人才资源是人类所有资源中最有价值并且最有决定意义的资源。但是人本身是极为复杂的，考察人的标准又因人而异，所以，只有摒弃主观标准，长久全面地观察一个人，才能较真实准确地了解他。

尺有所短，寸有所长。作为领导者，只有对下属的长处和短处了如指掌，明察秋毫，在用人上各用其长，尊重属下的个性，给优秀的属下发挥潜力和特长的机会，让他们放心大胆地去干，使得人得其位，位得其人，使属下的才能得到认可，如此才会上下一心，达到事业的巅峰。所以鬼谷子讲："凡度权量能，所以征远来近。"人才各有差异，只要做到各尽其才，就能使其发挥最大的功效。

明代《泾野子》中讲了这样一个故事：一个人有五个儿子，一个木呆呆的，一个鬼精灵，一个眼瞎，一个驼背，一个瘸腿。这位父亲就让鬼灵精怪的那个儿子去做买卖；让老实憨厚的儿子去务农；让瞎眼的儿子去算卦；让驼背的儿子搓麻绳；让瘸腿的儿子纺线织布。他这样安排，五个儿子各得其所，都能自给自足，不愁吃穿。

这位父亲从几个孩子的特殊性出发，注意扬长避短，甚至能够巧用短处，变短为长，使几个孩子各尽其"才"。木呆呆的人不容易见异思迁，会踏踏实实地把田种好；腿脚不好的人，行动不便，能安稳地坐在织布机前；鬼灵精怪的人头脑灵活，善于投机取巧。正所谓人才有参差，只要度权量能，就能发挥其最大的作用。

"大厦之材，非一丘之木，太平之功，非一人之略。"君主要使国家长治久安，必须凭借匡辅大臣的帮助。故识才求贤为先，任能为重。识人的目的在于用人。"天下治乱，系于用人。"正如刘秉曾向忽必烈建议的"明君用人，如大匠用材，随其巨细长短，以施规矩绳墨"。

刘邦任用善于辞令的郦食其，使他没费一兵一卒，就降服了齐国全境70多座城池；武则天任用德高望重、才学兼备的狄仁杰，使得旧唐老臣竭力辅佐她；忽必烈任用马可波罗，扩大了元朝在世界上的影响，他还力排众议，破格任用十八岁的安童为宰相，使得元代社会得到长足发展。

明太祖朱元璋特别强调随才使用。因刘基、朱升等博治经史，长于谋略，所以朱元璋让他们留在幕府，让他们发挥智囊团的作用；胡深等人精通兵法，骁勇善战，朱元璋就任命他们为将军，让他们率兵打仗，征战四方；汪广洋、叶身、章溢等饶有智计、办事周全，朱元璋则将他们派往各地担任行政职务。正是因为这些人各司其职，各尽其责，各展其才，朱元璋的事业才蒸蒸日上，并最终黄袍加身。

"我有嘉宾，鼓瑟吹笙。"中国历代统治者都极其注意收罗人才。能否收罗人才，在其德行，但能否认识人才却在于其智识了。所以得人在其德，知人在其智。仅能得人而不能识人，则所得皆庸才；仅能识人而不能得人，则人才皆为他人所用。所以，得人与知人是不可分割的整体。但在用人上面，却应该以知人为首。无其才而使当其任，必遭挫折；有其才而不使当其任，则必不能久居；无其德而使居其位，则必败之；有其德而不使居其位，则必远遁。如果在征战之时、权力之争时，一旦识人有误，必将惨败。

古人言："醉之酒以观其性。"不失为一种好方法，酒能使人撤去理性的岗哨，使人毫无负担地显示出在清醒时总是极力掩饰的种种本性。酒可以刺激人的情感，酒后人的或多情、或慷慨、或柔和、或贪婪的本性就会清楚地展现出来。"期之以事而观其信"，这是诸葛亮鉴别人才的重要方法。即要考察一个人是不是人才，可以通过观察其办事是否守信用来考察这个人。因为"信用"是人的根本，爱说大话、说空话的人，肯定做不到言必信，行必果。对于这种言语上的巨人，行动上的矮子，怎么能让人放心大胆地来加以任用呢？所以鬼谷子讲："见内外之辞，知有无之数，决安危之计，定亲疏之事，然后乃权量之，其有隐括，乃可征，乃可求，乃可用。"即要从人说话时言语表达和感情的真假来判断他是否真的是可用之才，然后在需要时征召、求取、提拔、重用。

宋真宗时，负责太子调谏和规劝的东宫左谕德鲁宗道为人刚正，遇事敢言，真宗称他为"鲁直"。有一次，真宗派使者召他入宫时，赶上他的同乡来了，他正请同乡在小酒馆里喝酒，使者等了很久，他才回来。使者就问他说："如果皇上怪罪你来晚了，你可怎么说呀？"鲁宗道回答说："据实相告吧！就说我出去和同乡喝酒去了。"使者说："那你可能会被治罪的。"鲁宗道说："和朋友吃饭喝酒是人之常情，但是如果欺君罔上，那么臣子的罪过可就大了。"觐见皇帝时，真宗果然追问为何来晚，使者就把鲁宗道说的话转告给真宗。真宗就问："鲁宗道，我召见你，你怎么来晚了呀？"鲁宗道说："我有朋友从家乡来，我家很穷没法待客，就请他在酒馆吃了顿便饭。耽误了拜见皇帝的时间，这是臣的罪过。"真宗见他说话老实，认为"忠实可大用"，还经常向刘皇后称赞他。后来，宋真宗驾崩，七岁的宋仁宗即位，太后（即刘皇后）临朝听政，于是她遵从真宗嘱托，将鲁宗道升为谏议大夫、参知政事。鲁宗道之所以能受到真宗的赏识，在于他为人坦诚，忠厚老实。

识人方式有很多。言行是最能体现一个人才能的。孔子曰"人有五仪：有庸人，有志士，有君子，有圣，有贤。审此五者，则治道毕矣。"所谓庸人者，心中没有谨慎小心的规矩，口中说不出至理名言，办事不讲原则，不能择明主而托其身，办事不能善始善终，所交之人皆鸡鸣狗盗之徒。不能见微知著，不能高瞻远瞩，深谋远虑；所谓士人者，计谋总在心头翻，心中有数，即使不能做到面面俱到，但也可以独当一面，这种人言语不多，但言之有物，有的放矢；所谓君子者，"言必信，行必果"，笃行信道，自强不息，讲仁义，坦然处世，逢错必谏；所谓贤者，品德合乎法度，言论举止被人奉为道德准则，乐善好施，兼济天下；所谓圣人者，通天人之际，与自然法则融为一体，品德崇高光明。这种人思想明确，人格完整，大富大贵对他来说没多大好处，穷困潦倒也不会令他低贱。

"用人不易，知人尤难。"怎样识人用人确实是成就事业的关键。所以，作为领导者，一定要有发现人才、识别人才的眼光和能力，只有这样才能让更多的人才推着自己的事业更上一层楼。

2. 用"知遇之感"赢得人才

通过鉴人之术锁定人才之后，怎样吸引人才为我所用呢？只知鉴才而不能用，岂不成了叶公好龙了吗？在这里，鬼谷子提出了"飞而钳之"的办法，即首先要了解对方，其次要以褒扬的方式俘获其心。

商朝末年，周文王为了实现灭商兴周的大计，四处网罗人才。因为他礼贤下士，所以许多才俊之士纷纷前来投奔。但文王还是不满足于已有的人才储备，仍然四处搜寻。一次，文王将出外狩猎，占卜得到："捕获的不是龙，不是虎，也不是罴，而是独霸天下的辅臣。"于是，周文王西出狩猎，果然遇吕尚于小溪之上。两人谈论之后，周文王大喜，说："我的祖先曾经预言说'将来会有圣人到达周邦，帮助周国振兴。'难道说的就是您吗？我的祖先太公盼望您已经很久了。"于是称姜尚为"太公望"，立为周之国师。姜尚也不负众望，辅佐文王，一面加紧生产，一面训练兵马，先后灭掉了密须、崇等助纣为虐的诸侯国家，使周的疆界大为扩展，为灭商奠定了坚实的基础。

作为一个心有大志之人，只要能够做到屈己求贤，那么天下贤能的人就会云集而响应，一齐到他的麾下，为他的事业出谋划策。

战国时，群雄争霸。燕国因为内乱和齐国的侵略，国力衰败。燕昭王继位以后，想重振国威，奈何手下无人。一天，燕昭王去拜见贤士郭隗，诚恳地说："我想招纳贤士，却不知道先去请谁才好，请先生教我！"郭隗说："我给大王讲个'千金买马骨'的故事。从前，楚王很想得到一匹千里马，不惜拿出一千镒金子来买马，但三年过去仍一无所获。楚王又派一位侍臣到民间四处访寻。一天，侍臣得知一户人家里有匹千里马，高兴极了，哪料他急匆匆赶去的时候，那匹千里马已经死了。侍臣就拿出五百镒金子，买下了这匹千里马的尸骨，带回去见楚王。楚王看到死马，非常生气，说：'我要的是活的千里马，你买匹死马有什么用！'侍臣说：'大王息怒，您付五百镒金子买一匹死马，天下人知道了，还怕没人把千里马送上门来？'果然，不到一年，楚王先后得到三匹千里马。如今，大王希望招致天下贤才，就请把我当作'死马'吧，那些比我更贤能的人听到这个消息，肯定会来投奔您的！"

燕昭王听后大喜，立刻拜郭隗为老师，为他造了一幢华丽的住宅。消息一传开，乐毅、邹衍、剧辛等有才能的人，纷纷来到燕国。燕昭王对他们都委以重任。在群贤的辅佐下，燕昭王经过二十八年的励精图治，国家日益富强。后来，乐毅指挥燕国军队，将强大的齐军打得一败涂地，报了当年的破国之耻。

历史上敬重人才的例子还有很多。

春秋时，齐桓公不计前嫌，任用管仲为相，成就春秋霸业；三国时，曹操听说许攸来访，喜出望外，连鞋子穿反了都不知道，从而在许攸的帮助下赢得了著名的官渡之战；刘备"三顾茅庐"，终于请得诸葛亮出山，为他创下了三分天下的霸业；而唐太宗李世民的礼贤下士更胜人一筹，他四次下诏，请出身贫寒的马周出来做官。只有热情、诚恳地对待人才，才能赢得有识之士的诚心相助，成就大业。

《世说新语》中记载了一个故事，说洛阳有一个叫顾荣的高官，一次应邀赴宴，发觉端烤肉的人露出很想吃肉的神态，就把自己的那一份让给了他。同席的人都讥笑顾荣，顾荣说："哪有成天端着烤肉，却不知道烤肉滋味的道理？"后来，顾荣遇上战乱，过江避难，路上每逢遇到危难，总有一个人在身边保护。一问缘由，原来就是那个曾受赠烤肉的人。

风平浪静的时候，聚集在身边的人，不一定是真正的知己，可能事到临头时，这些人就如鸟兽散了。但在危难之时能不离不弃，携手共渡难关的人却一定是真正值得珍惜的朋友。所谓"疾风知劲草，日久见人心"，说的就是这个道理。

李元度被曾国藩称为"患难与共"的人，他早期与曾国藩的关系十分密切。曾国藩兵败靖港的时候，曾数次愤而自杀，皆未遂。当时，在他身边"宛转护持，入则欢愉相对，出则雪涕鸣愤"的人就是李元度。后来，湘军在九江水域大败，损失惨重，曾国藩"愤极，欲策马赴敌而死"，被劝止。在此困难之时，李元度投笔从戎，"护卫水师，保全根本"。在咸丰六年的时候，湘军周凤山的军队在江西樟树镇被太平军击溃，曾国藩部下再无得力陆军，完全依仗李元度率领的平江勇"力撑绝续之交，以待楚援之至"。在曾国藩困守江西这些最为艰难困苦的岁月里，李元度始终不离不弃、倾力辅助。最终帮助他走出了艰难困境，为以后的东山再起赢得了宝贵的机会。

把人才当作朋友、知己一般对待，使其感念知遇之恩，自然不难赢得人才之心，从而为自己的事业加一枚重重的砝码，这是古今中外无数成功者的成功秘诀。

3. 因人制宜，因材施教

世上没有两片完全相同的树叶，也不可能存在两个完全相同的人。据此，鬼谷子认为，我们说话、办事都要因人而异。只有全面而深刻地了解别人，才能"无为以牧之"，更好地实现"求其利"的目标。

有一则寓言，说一个人养了一只狗和一头驴子。有一天，主人外出吃饭，带回了一些食物。一进家门，他就把这些食物扔给狗吃，狗愉快地摇着尾巴迎上去。主人高兴地抱起了狗。驴子非常羡慕狗，心想："为了让主人高兴，我是否也可以这样呢？这对我来说很容易办到。"想着想着，驴子也跑了过来。它摇着尾巴，抬起一只丑陋的前蹄，欢蹦乱跳。主人大喊道："哎呀，这驴子一定是疯了，快拿棍子来！"结果，驴子不仅没有得到吃的，还被打了一顿，拴在了马槽边。

显然，驴子的错误在于它忽略了自己与狗的区别。在现实生活中，同一件事不一定适应不同的人。因此，对于不同的人，应该采取不同的对策。聪明人善于根据别人不同的特性，采取完全不同的对待方法。

《论语》中有这样一个故事，子路和冉有都问孔子一个问题："听到一件事，是否可以立即去做？"然而孔子却给了两个人截然不同的答案。对于子路，孔子回答："有父亲和兄长在，为何不先问问他们再去做呢？"而对于冉有，他的回答是："可以立即去做。"孔子之所以这样做，是因为冉有做事总是退缩向后，所以要鼓励他去做；而子路胆子大，有时很鲁莽，所以要压压他的性子。

孔子之所以能成为伟大的教育家，很大程度上是因为他懂得"因材施教"的道理。他的那些杰出的弟子受到老师的影响，在建功立业的道路上也多精于此道。孔子的得意门生子贡困齐救鲁的故事，便是其中最有说服力的例子。

春秋末期，齐相田常说服齐简公兴兵伐鲁。当时齐强鲁弱，鲁国形势十分危急。孔子派子贡前往齐国斡旋。子贡见到田常，洞悉了田常蓄谋篡位，欲借战争铲除异己的心理，于是以"忧在外者攻其弱，忧在内者攻其强"的道理，劝他不要让齐国攻打弱小的鲁国，而应攻打强大的吴国，借此达到隐秘的目的。田常虽然认为有理，但因齐国已做好攻鲁的部署，一时找不到借口攻吴。子贡说自己可前往吴国，说服吴王夫差救鲁伐齐，到时齐吴交战就顺理成章了。田常高兴地同意了。子贡赶到吴国，见到野心勃勃的夫差，就说："若齐国攻下鲁国，势力大增，必将伐吴。大王不如先下手为强，联鲁攻齐，吴国不就可成就霸业了吗？"夫差心动，但又担心老对头越国乘机进犯，一时间犹豫不决。子贡又马不停蹄前往越国，说服越王随吴伐齐，解除了夫差的后顾之忧。子贡游说三国，已经达到了预期目标，但他又想到吴国战胜齐国之后，定会要挟鲁国，鲁国到时必须有所依靠。于是他又悄悄来到晋国，向晋定公陈述利害关系，劝他加紧备战，以防吴国进犯。后来，吴王夫差果然率十万精兵攻打齐国，越、鲁两国也派兵助战。齐国大败，只得请罪求和。夫差大获全胜之后，立即移师攻晋，却被早有防范的晋国击退。

子贡充分利用齐、吴、越、晋四国的矛盾，抓住主要人物的不同心理，区别对待，巧妙周旋，既击败了齐国，又灭了吴国的威风，使鲁国从危难中解脱出来，显示了高超的纵横之术。

人是形形色色的，如果相互熟悉还好办，如果对方是一个我们并不熟悉的人，那又该如何对待呢？

再来看一个寓言，说有一个人买了一头驴子，想要牵走试试看。他把这头驴子牵到自己的驴马之中，驴子立刻来到一头好吃懒做的驴子身边。于是，这个人立刻和卖主说："这驴子我不买了，它是一头懒驴！"卖主问："你的这种方法可靠吗？"这个人回答："当然可靠。我想，什么样的人就会选择什么样的朋友。"

懒驴的身边，往往都是一些懒驴。即便本来不是懒驴，与懒驴相处久了，也难免会变成懒驴。而在现实生活中，人们也都晓得"物以类聚，人以群分"的道理。因此，我们可通过观察一个人的生活圈，来对其做出相对合理的判断，进而决定对他采取什么样的态度。

古时候，齐宣王喜欢招贤纳士，于是让淳于髡举荐人才。淳于髡一天之内向齐宣王推荐了七位贤能之士。齐宣王和他们谈了谈，发现果然个个本领高强。齐宣王很惊讶，就问淳于髡说："寡人听说，人才是很难得的，如果一千年之内能找到一位贤人，那贤人就多得像肩并肩站着一样；如果一百年出现一个贤人，那贤人就像脚跟挨着脚跟站着一样。现在，你一天之内就推荐了七个贤士，那贤士是不是太多了？"淳于髡回答说："不能这样说！要知道，同类的鸟儿总聚在一起飞翔，同类的野兽总聚在一起行动。人们要寻找柴胡、桔梗这类药材，如果到水泽洼地去找，恐怕永远也找不到；要是到山的北面去找，那就可以成车地找到。这是因为天下同类的事物，总是要相聚在一起的。我淳于髡大概也算个贤士，所以让我举荐贤士，就如同在黄河里取水，在燧石中取火一样容易。我还要给您再推荐一些贤士，何止这七个！"

正如鬼谷子所说，世上之人有贤、不肖、智、愚、勇、怯等区别。人们往往愿意展示自己的贤、智、勇，没有人愿意暴露自己的不肖、愚、怯。因此，我们需要练就一双辨人识人的慧眼，隔着肚皮去读懂人心。在倡导"以人为本"的现代社会里，这可以说是任何人成就大事业的必备条件。

4. 有策略地试探对方的真心

人人都睡觉时分不出谁是瞎子；人人都沉默时很难知道谁是哑巴。所以鬼谷子讲："微摩之以其所欲，测而探之，内符必应。"即要能够透视对方，要"闻一知十""见面明意"。细心观察对方，有策略地加以试探，则对方心中所想，即可一猜即中。

啄木鸟在吃小虫之前，总是先以它尖尖长长的嘴，试探一下何处有虫，再行啄食，人际交往也是如此。在没弄清问题之前，就急忙下定义，做出似是而非的决定，是得不到正确无误的答案的。在为人处世的过程中，要想成功地让别人为自己所用，首先要做的就是要看穿对方的心意。

俗话说："一叶可以知秋。"看穿别人的心，特别是看穿初次见面的陌生人的心，是很有学问的。大凡成功人士，都善于运用不同的方法去观察、研究他所要影响的那些人，然后按照他们的心理需求去满足他们。

在第二次世界大战中任联军司令的法国名将福煦，从军官学校毕业后，没有选择到繁华、热闹的大都市工作，而是选择了举办热闹非凡的、各族人都来参加的赛马节的一个小城——太勃斯。这样他就有机会从容地观察他们"特殊的气质"。这位将军毕生致力于对人格的研究，所以他善于对不同个性的下属运用不同的指挥策略，也因此，他领兵打仗总是赢多输少。《波士顿晚报》的发行人及大股东葛洛奇，在担任《波士顿邮报》的编辑时，常常混在市区熙熙攘攘的人群中，或者漫步在阶石边，或者驻足休息在旅店、商场的大厅里，安静地听人们的谈话，了解读者的心理和嗜好，并以此确定他的编辑方针。

要试探就要先诱导对方，使其有所行动，再加以细心观察、试验，对方虚实真假即可知晓。军事家吴起曾经讲过，和敌军对阵时，若不明敌意，应采取诱敌之策。两军交锋时，先虚应一下，然后退下阵来，借此观察敌军的反应。如果敌军仍然阵容严整，不轻易追赶的话，表示敌军将领很有智慧，相反，如果他们没有纪律地乱追，则显示出了这个将领的愚笨无能。

对明明知道的事情，却假装不知道，这样就可以轻而易举地分出忠奸。

战国时候的韩昭侯，有一天剪指甲，故意将一片剪下的指甲放在手中，然后对近侍说："我刚才剪下的指甲丢了，我心里很不是滋味，快帮我找出来。"侍者们忙了一通也没找到。这时，有一个侍者偷偷剪掉一片自己的指甲，呈给韩昭侯，禀报说找到了。韩昭侯由此发现这个人会说谎，从此不再信任他了。

对人有目的地赏赐，可以判断出这个人是否贪财。

朱元璋是个猜忌心极重的人，他处处提防，对任何人也不是百分百的信任。骁骑指挥郭德成的妹妹是朱元璋的妃子，郭德成有随便出入皇宫的特权。一日，朱元璋赐给郭德成黄金，并置于他的袖中，不让他声张。出宫门时，郭德成借着酒劲装糊涂，一会儿脱靴子，一会儿穿靴子地来回折腾，还漫不经心地露出朱元璋藏在他袖子里的黄金，金子掉在了地上。太监发现后马上报告了朱元璋，朱元璋说："那是我赐给他的。"很多人不明白郭德成的做法，就问他说："皇帝让你别声张，你怎么还张扬啊？"郭德成说："宫中管理的人，如此严密，藏金而去，不等于是偷窃吗？况且我妹妹在宫中侍奉皇帝，而我又有随便出入的权力，我若带金出宫，皇上一定会怀疑我经常这么做的。"经郭德成这么一说，大家方才如梦初醒，无不佩服郭德成的机警。其实，朱元璋确实是在用以袖藏金试探郭德成，好在郭德成聪慧小心，躲过了杀身之祸。

所以，在对待特别的赏赐时，一定要保持镇定的心态，要正确分析出赏赐的意义，对另有他意的赏赐要慎之又慎。有时，面对特殊的对象不能用直接试探的方法，要学会故布疑云，从他身边关系密切的人身上下手。

战国时期的卫相山阳君觉得君王近来似乎对他有所怀疑，但又无法测知君王的心意。于是，山阳君故意散布一些谣言，毁坏一个卫君宠臣的名誉。这位宠臣听到谣言后十分生气，就愤怒地对他身边的人说："山阳君怎么还有心思说别人的坏话呢？君王现在已经开始怀疑他了……"这位宠臣毫无保留地把君王对山阳君的态度和盘托出，山阳君故布疑云，探得了君王的口风，使得自己能够想出合适的对策。

混杂于禾苗里的莠子在幼苗时期几乎与禾苗没什么分别；黑牛长上黄色的花纹很像是老虎；色泽像玉的石头很容易与玉石混淆；随随便便许诺的人表面给人印象颇为爽快，实际上这种人却缺少信用；什么事都要插一手的人，好像多才多艺，可一旦要他拿出真本事就会露馅；锐意进取的人似乎精诚专一，但这种人热情不会持久；吹毛求疵的人看似聪明，实际上只能是添麻烦；动不动答应给人好处的人好像乐于施惠，但这种人常常说了不算；当面百依百顺的人貌似忠诚，可这种人大多是阳奉阴违之辈；大政治家看似奸诈，却能成就大事业；博爱的人看似虚幻，心胸却非常宽厚充实……人世间真真假假，虚虚实实，似是而非，以假乱真的事情到处都是。人心比山川还要险恶，知人比知天还要难。其实，识人心，知人意，说难也难，说不难也容易。再高明的人，也会在不知不觉中暴露出自己的内心世界，只不过暴露的程度、方式有所不同罢了。

5. 恰当揣摩人情，处事对症下药

"世事洞明皆学问，人情练达即文章。"善于体察人情世故者，必是聪明不惑之人。世界上的人形形色色，各不相同，人的性格千差万别，价值取向、思想观念更是不尽相同。鬼谷子所讲的："故计国事者，则当审权量；说人主，则当审揣情；谋虑情欲，必出于此。"鬼谷子强调，说服君主时要注意揣摩其心意，其实不单单进谏君王时要揣摩对方心意，做任何事情都要揣摩对方心意。任何社会活动中，人都是主导因素。在把握局势的同时，万万不可忽略对人情的体察和掌握。

服装好只会引人注目，本领好才会受人欢迎。善于体察人情者，一定能受到别人的欢迎和拥戴！不善于揣摩人情者，纵使与人近在咫尺，也会与其心灵相隔千山万水，这种人势必会走向失败。所以，为人处世，只有审时度势地揣摩透对方的心意，才能做到手到擒来。若将人情常揣摩，妙理终有一日开。恰当地揣摩人情才能做到对症下药，量体裁衣，才会"攻无不克"，才会得心应手地处理问题。正如鬼谷子所说："乃可贵，乃可贱；乃可重，乃可轻；乃可利，乃可害；乃可成，乃可败；其数一也。"

一个人的心灵，隐藏在他的言谈举止之中，对不同的对手要采取不同的措施。

南齐的徐文远是名门之后，他勤奋好学，通读经书，官至隋朝的国子博士。隋朝末年，洛阳一带发生饥荒，徐文远只得靠打柴为生，正好遇到他以前的学生李密，李密将徐文远请到自己军中，拜为老师，亲自率领将士们向他行礼，请求他为自己效力。徐文远说："你如果决心效仿伊尹、霍光，在危急时刻辅佐皇室，我虽年迈，也会对你尽心尽力。但是如果你要学王莽、董卓，在皇室危急的时刻，趁机篡位夺权，那我是不会帮助你的。"李密回答说："我静听您的教诲。"后来李密战败，徐文远归附了王世充。王世充原来也是徐文远的学生，但徐文远每次见王世充都十分谦恭地行礼。有人问他："听说您对李密十分傲慢，如今对王世充却十分恭敬，这是为什么呢？"徐文远回答说："李密是个谦谦君子，即使你像郦生狂傲地对刘邦那样对他，他也能接受；王世充却是个阴险小人，即使老朋友他也会杀害，所以我必须小心谨慎。我对不同的人采取不同的策略，用不同的方法与之相处，这样做不对吗？"后来，王世充归顺了唐朝，徐文远又被任命为国子博士，很受唐太宗的重用。

徐文远之所以能够在隋唐政权更迭之际保全自己，且屡受重用，就是因为他善于"揣摩人情"，能够对不同的人采取不同的应对之法，懂得灵活处世。

面对不同生存环境、不同知识结构、不同价值观念的人要采取不同的对待方法。

知识渊博、经验丰富的理智型的人，遇事会先问为什么，对人则保持一定的距离，凡事三思而后行。这种人个性较强，不轻易相信别人，讨厌别人过于热情，讨厌别人试图说服自己。如果想要与这种人较量的话，最好实话实说，简洁、精练、客观地陈述情况，才能获得对方的好感，对方也才会与你进一步交往。

骄纵蛮横、盛气凌人的傲慢的人，大多目空一切，眼高手低，蛮横无理。当遇到这种对手时，不要硬碰硬，要运用装聋作哑、充耳不闻、视而不见的谋略，削弱对方的气势，要有极强的忍耐力。

第一次世界大战以后，英国联合法国、意大利、美国、日本等国的代表与土耳其在洛桑谈判，企图胁迫土耳其签订不平等条约。英国代表克敦态度傲慢，语言嚣张。当土耳其代表伊斯麦提出维持土耳其领土完整的条件时，克敦暴跳如雷，挥动拳头，大声咆哮，恫吓辱骂对方。伊斯麦态度安详，视若无睹，等克敦安静下来后，才不慌不忙地张开右手放在耳边，把身子靠向克敦，十分温和地说："你说什么？我没听明白。"言外之意是让克敦重说一遍。克敦当然不能再重新发一次脾气，只能像泄了气的皮球一样，连话都说不出来。

目的性很强，有恒心、有毅力、有很强自制力的人，最大的特点就是具有坚持到底的精神，他们恪守"只要功夫深，铁杵磨成针"的人生信条。这种人说话一般都很含蓄、委婉、言辞柔和，语义曲折，语言简约婉转，留有余地，给人以温文尔雅、不同流俗的印象。这种人是难得的对手，遇到这种人要以幽默、讽刺的态度，寓庄于谐。这样既可以使对方明白自己的心意，还缓和了气氛，放松了心情，使双方易于沟通。

感情是心灵的翅膀，任何感情都不过是不同温度的血液，每个人都要靠自己的"本事"而受人尊重。每一个人都有弱点，在其最薄弱的方面，每一个人都能被切割捣碎。为人处世一定要灵活一些，针对不同的对象要采用不同的策略。要学会揣摩人心，要懂得调整自己的应对之策，不能一条道走到黑。只有准确地揣摩人心，才会"药到病除"。

6. 临危不乱，刚柔并济地化解危机

在人际圈中来来往往，我们每个人都可能有被陷害、被冤枉或被误解的时候。理性地讲，当发现有人攻击诬陷你时，千万不要惊慌失措，更不要因此否定自我，怀疑成功。

战国时期，张仪和陈轸都投靠到秦惠王门下，受到重用。不久，张仪发现陈轸很有才干，甚至比自己还要强。他担心日子一长，秦王就会冷落自己，喜欢陈轸，便产生了嫉妒心。于是，张仪便找机会在秦惠王面前说陈轸的坏话，进谗言。

一天，张仪对秦惠王说："大王经常让陈轸往来于秦国和楚国之间，可现在楚国对秦国并不比以前友好，但对陈轸却特别好。可见，陈轸的所作所为全是为了他自己，并不是诚心诚意地为我们秦国办事。听说陈轸还常常把秦国的机密泄露给楚国。作为大王您的臣子，怎么能这样做呢？我不愿再同这样的人在一起做事。最近我又听说他打算离开秦国到楚国去。要是这样，大王还不如杀掉他。"

秦惠王听了张仪的话后很生气，马上传令召见陈轸。一见面，秦惠王就对陈轸说："听说你想离开我这儿，准备上哪儿去呢？告诉我吧，我好为你准备车马呀！"

陈轸一听，莫名其妙，两眼直盯着秦惠王。但他很快便明白了，秦惠王是话中有话，于是镇定地回答："我准备到楚国去。"

果然如此。秦王对张仪的话更加相信了，于是慢条斯理地说："那张仪的话是真的。"

原来是张仪在捣鬼！陈轸心里完全清楚了。他没有马上回答秦王的话，而是定了定神，然后不慌不忙地解释说："这事不单张仪知道，连过路的人都知道。从前，殷高宗的儿子孝己非常孝敬自己的后母，因而天下人都希望孝己做自己的儿子；吴国的大夫伍子胥对吴王忠心耿耿，以至天下的君王都希望伍子胥做自己的臣子。俗话说，出卖奴仆和小妾，如果左右邻居争着要，这就说明他们是好仆好妾，因为邻里人了解他们；一个女子出嫁，如果同乡的小伙子争着要娶她，这就说明她是个好女子，因为同乡的人了解她。我如果不忠于大王您，楚王又怎么会要我做他的臣子呢？我一片忠心，却被怀疑，我不去楚国又到哪里去呢？"

秦惠王听了，觉得有理，点头称是，但又想起张仪讲的泄密的事，便又问："既然这样，那你为什么将我秦国的机密泄露给楚国呢？"

陈轸坦然一笑，对秦惠王说："大王，我这样做，正是为了顺从张仪的计谋，用来证明我不是楚国的同党呀！"秦惠王一听，却糊涂了，望着陈轸发愣。

陈轸依旧不紧不慢地说："据说楚国有个人有两个妾。有人勾引那个年纪大一些的妾，却被那个妾大骂了一顿。他又去勾引那个年纪轻一点的妾，年轻的妾对他很友好。后来，楚国人死了。有人就问那个勾引其妾的人，'如果你要娶她们做妻子的话，是娶那个年纪大的呢，还是娶那个年纪轻的呢？'他回答说：'娶那个年纪大些的。'这个人又问他：'年纪大的骂你，年纪轻的喜欢你，你为什么要娶那个年纪大的呢？'他说：'处在她那时的地位，我当然希望她答应我。她骂我，说明她对丈夫忠诚。现在要做我的妻子，我当然也希望她对我忠贞不二，而对那些勾引她的人破口大骂。'大王您想想看，我身为秦国的臣子，如果我常把秦国的机密泄露给楚国，楚国会信任我、重用我吗？楚国会收留我吗？我是不是楚国的同党，大王您该明白了吧！"

秦惠王听陈轸这么一说，不仅消除了疑虑，而且更加信任陈轸，给了他更优厚的待遇。

陈轸的一席话，既击破了谗言，又保全了自己。

冷静应对一切突如其来的危机，是一种处变不惊的风度。只有冷静，才能在气势上给对方造成震慑的力量，也为自己赢得应急的时间。有些人一旦碰到不利于自己的形势，就惊慌失措，乱了阵脚，一开始就增添了别人的疑云，这是不明智的。

除了冷静之外，还必须学会"狠心"下手——当然，不是说必须"恶狠狠"才叫狠心，狠心更多的是指"该出手时就出手"的果断和决绝，而在"如何出手"上，我们还要会用"刚柔并济"的策略。

人生在世，难免会在有意、无意之间得罪人，而成为他人的眼中钉。如果对方咽不下这口气，摆明对阵的态势，还容易应付；如果是阴险小人，他们往往会在暗地里突施冷箭，就真的叫人伤脑筋了。

俗话说："明枪易躲，暗箭难防。"明枪对阵，胜败之间看实力，如果被打败了，应该无话可说；至于暗箭来袭，则防不胜防，如果因此被暗算，实在太冤枉了，因此如何攻防完全靠心机了。

明朝时，有位御史下乡巡察，由于他与巡察地区的某位县令先前曾有过节，这位县令早就心存报复的念头。县令眼看机会来了，便安排一位自己最信任的侍从前去充当御史的临时护卫，以便找机会搞鬼。

由于侍从刻意用心服侍御史，没多久便获得了御史相当程度的信任。信任当然会让人疏于防备，也是下手的最好机会。这个时候，县令便指示侍从将御史放在印篚中的官印偷走，想让御史吃不了兜着走。

官印是何等重要的东西，御史发现官印丢失后，相当紧张，怀疑必定与该县令有关系，不过碍于欠缺证据，所以也不能说什么，更不敢大肆宣扬，只好假装生病，闷在行馆里苦思对策。

过了几天，县里一位颇有名气的书生恰巧前来探访，御史早就耳闻这位书生的才智，便请他到房内，关起门来，把官印丢掉的事说与他听，看他有没有比较好的办法可以帮帮忙。

书生听完之后，便出了一个主意。他建议御史在半夜的时候派人偷偷地到厨房去放火。

一旦御史的行馆发生火灾，各级官员一定都会火速跑来指挥救火。书生要御史趁着一片混乱的时候，将原本装着官印的印篚暂时托付给那位县令保管，说是为了预防官印在慌乱中丢失或遭到焚毁云云。

书生解释说，如果官印真的是那位县令所偷，趁着火灾将空的印篚托付给他，等于是将烫手的山芋丢回给他，他绝对没有不将官印归回原处的胆量，因为丢失的责任在他身上，逃都逃不掉。

当天午夜，御史便照着书生的计划上演了一场"火烧御史行馆"的戏。趁着烈火熊熊燃烧之际，御史将保管官印的重责托付给那位县令。等大火扑灭之后，县令归还印篚，御史打开一看，发现官印果真物归原位，一切似乎都印证了书生的设想。

此时此刻，对于那位书生的绝顶聪明，御史不禁又感激又佩服。据说，那位书生就是后来的一代名臣海瑞。

官印丢失，在古代就是杀头之罪，县令显然想致御史于死地，而御史却是哑巴吃黄连，有苦说不出，而且天天坐立不安，冷汗直流。还好，借着书生的聪明才智，御史将烫手山芋丢回给县令，在不动声色间买空卖空，完成了一次无声的绝地大反击。

人与人之间的对立，如果硬碰硬，或许很快就能见胜负，但也有可能两败俱伤，两者之间的耗损必然巨大，甚至没完没了。

如果能够"搭座桥"让对立的双方在意气与利害之间有个回旋的余地，在不动声色间创造出既斗争又互有台阶可下的空间，或许还能缓解彼此的紧张关系。

7. 避其锐气，后发也可制人

用一只小小的铁环穿进牛鼻子，几岁小孩也可以将牛这样的庞然大物玩弄于股掌之上。能够牵住"牛鼻子"，牛必然会乖乖听命于你。要想改变他人的观点或行为，使之合乎自己的需要，首先要找到能使对方为你效力、听命于你的"牛鼻子"。鬼谷子所讲的"欲闻其声反默，欲张反敛，欲高反下，欲取反与"实质上就是强调"后发制人"。

后发制人，并不是等到最后的爆发，它强调的是审时度势，待时而出，伺机而动。在自己不具备足够的实力或最佳时机的时候，要充分、客观地分析自己和竞争对手的优劣形势及发展变化规律，积极地等待和想办法改变己方实力，使其不断壮大，并想办法削弱对方的力量，最终改变双方力量的对比，战胜对手。也就是说，我们根据对手的策略，抓其"软肋"，牵其"鼻子"，攻其弱点，以打败对方。

"潜龙勿用"，讲的就是要积蓄力量。潜能是要发挥的，但潜能在积蓄的时候，不要过分炫耀，偶尔给别人几个闪光点就够了，这样别人也不会小看你。等到了爆发的时候，再来个充分展示，到那个时候，大家也不会惊奇你的举动，反而会觉得你很有深度和远见，起码是个有打算的人。你并不是深藏不露，而是一直在闪烁自己的光芒，只是别人不知道这些星星之火还有燎原之势罢了。

后发制人要的是远见，有时候忍气吞声、忍辱负重也是必需的。敌强我弱时要避其锐气，静待时机，让对手先显山露水，待对方露出破绽，有机可乘时再反戈一击。

古人云："治兵如治水；锐者避其锋，如导疏；弱者塞其虚，如筑堰。"主动退让然后再抓住机会适时反击，往往能取得出其不意的效果。秦晋淝水之战便是历史上著名的后发制人的战役。此战，双方兵力悬殊实在太大，所以交战之初，前秦军队捷报连连，狂傲无比。但后来东晋军队巧借阵地，制造声势，打得前秦苻坚落荒而逃，晋军大获全胜。

面对狂傲对手的有意进犯，一定要冷静分析对方意图，机智应对，借势反击。

三国时期，诸葛亮曾派费祎出使吴国。孙权有意刁难，告诉手下大臣在赐宴招待费祎时，大家只顾低头吃饭，不要理睬他，想羞辱一下费祎。因此，费祎进大厅时，吴国的大臣都在低头吃饭，除了孙权没有一个人和他打招呼。费祎一看就知道是孙权在故意刁难他，于是他不慌不忙地说："凤凰来仪，麒麟吐哺。骡驴无知，伏食如故。"一句话让吴国的大臣面面相觑，尴尬无比。

在敌弱我强或实力相当时，为了提高制胜的把握，减少不必要的损失，在探得对方意图时，要充分利用自己的优势，争取一举打败对手。谁笑到最后，谁才是真正的赢家。

在现代经济领域的竞争中，"后发制人"主要表现在对市场领先企业的追随和挑战。新产品的开发研制需要大量的人力、物力、财力、精力，"后发"企业无须在市场产品开发研究上耗费资金、精力和时间。因为这些已经由领先者支付了。而且新产品、新技术进入市场后会有许多薄弱环节显露出来，这时后来者就可以在领先者的得失中吸取经验教训，取其所长，避其所短。

在领先者还沉浸在胜利的喜悦中时，后来者只需对产品略作改进、创新，便可迅速进入市场与对手争锋。

作为"取之于彼胜于彼"的后发制人策略，日本松下公司一贯奉行"不抢先战略"，即不先发明新技术，不当技术的先驱者，而做技术的追随者。把工作的重点放在产品质量和价格上。当日本索尼公司首先发明录像机后，松下公司通过对市场的调查获悉，最受消费者欢迎的是能放映更长时间的录像机，于是松下公司根据这一信息，在索尼公司发明的录像机的基础上设计出了一种能够满足这些需要的容量大又小巧的录像机。松下公司巧妙地运用了"后发制人"的策略，成功地赢得了市场。

"智者的后半生在于纠正以前曾有的愚蠢、偏见和错误。"后发制人可以让我们从对手的行为中发现自己能够引以为戒的错误，可以少走弯路。后发制人是一种稳健的战术，它以步步为营为特点，在对对方意图完全明了、考虑周全、计划全面的情况下，推行循序渐进的方针，具有稳扎稳打的效果。

你想让马喝水，可马却没有喝水的需要，那即使你死拖硬拽，马都不会靠近水槽。你可以先给它吃点儿盐，再牵它去喝水，它就会乖乖地喝。所以，只要我们善于把握时机，找到控制对手的切入点，再重拳出击，就会战无不胜。

8. 避实就虚，找到问题的突破口

鬼谷子的弟子孙子说："乐音不过五个音阶，可是五个音阶的变化却令人听不胜听；颜色不过三种原色，但是三种颜色的变化却令人目不暇接；与人交往，双方争利时，不过是"奇"与"正"两种情况，然而"奇"与"正"的变化却像圆环旋转一般层出不穷。"

善于运用计谋者总是设法制造、伺机寻找有利态势，而不是坐享其成，苛求于他人。圆石放在平地上是静止不动的，但是放在斜坡上就会自动滚动，放在万丈高山之上，就会飞滚下来，力敌千军。究其原因，就是"势"不同。避实就虚就是强调善于寻"势"、用"势"，寻找到对方的力量薄弱处，同时又是要害之处。

乘虚而入，即可反客为主，使自己牢牢抓住主动权。主是主人，是主权者、主动者，处于主导地位；客是依附者，被支配者、被控制者、被动者，处于被动地位。所谓"反客为主"，就是原本处于被动地位的客，夺取主导地位，替代原来的主，夺取了主导权。反客为主，是一种换位法，也可以说是夺位法。反客为主的目的在于争取主动、控制对方。居于客位期间，绝不能轻举妄动，要忍辱负重、静待时机。反客为主必须依序进行：第一步，坐稳客人位置，赢取对方的信任；第二步，巧妙地在对方阵营中安插自己的势力；第三步，抓住反客为主的关键时机，迅速行动；第四步，坚决果断地排除对方的影响，坐稳主人位置。

在商业竞争中，如果善于见缝插针，则会财源滚滚，获利无穷。如2500多年前的孔子的学生子贡，他曾为官数年，后来弃官从商，在经商中运用"避实就虚"的计策，获得了巨大的成功。子贡的经营法则是待价而沽，即"好废举，与时转货赀"。即掌握时机，从中转易，贱则买进，贵则卖出。

　　"避实就虚"运用在商业上，其宗旨就是使企业自身在激烈的竞争中变被动为主动，由自己决定自己的命运。要避免与实力雄厚的对手直接对抗、正面交锋，要摸清市场对产品的需求量，善于开拓潜在的市场。

　　一百多年前，美国加利福尼亚州因为发现金矿而掀起了淘金热潮。许多先行者一夜之间成为富翁，这吸引了大批的后来者如潮水般涌来。淘金行业竞争日益激烈，已发展到需要有大量的金钱才能加入。利维·施特劳斯也来到了这个巨大的竞争场，但是他发现自己根本无法同那些财大气粗的淘金者角逐。就在他决定退出时，他发现这里淘金者众多，富翁不少，但是由于人烟稀少，生活用品奇缺。于是他灵机一动，买了大量的生活必需品、缝纫用品和可以做帐篷的帆布，拿到当地去卖。生活用品和缝纫用品被一抢而空，可是帆布却无人问津。利维相信一定能够找到机会，把帆布卖出去。一天，利维和一个疲惫不堪的矿工一起休息，矿工抱怨道："这鬼地方，裤子坏得特别快，一条裤子穿不了几天就扔了。"利维立即拉起矿工，到裁缝店，让裁缝用耐磨的帆布给矿工做了一条低腰、紧身，既方便干活，又潇洒利索的裤子。就这样牛仔裤诞生了，它的方便、耐磨和结实深受矿工欢迎。在此基础上，利维不断改进和提高裤子的质量、样式，这种裤子逐渐变成一种时装裤——牛仔裤，以加利福尼亚矿区为中心向其他城市延伸，从美国走向世界。利维也因此成了闻名于世的"牛仔裤大王"。

　　可见，在激烈的行业竞争中，能够独辟蹊径的人，往往能开辟另一番天地。人的抵抗力不足，病菌就会乘虚而入；自信心不足，骗子就会乘虚而入；盲目相信"专家权威"，"软刀子"就会乘虚而入。苍蝇不叮无缝的蛋。避实就虚，其实就在于辨其利害，避害趋利。鬼谷子所言："自天地之合离终始，必有峨隙，不可不察也。察之以捭阖，能用此道，圣人也。"天地有离有合，有始有终，因此矛盾缝隙不可避免，这时只要细心观察，就一定能找到解决问题的突破口。

第八章

领导者的素养决定成就

【原文】

实意者，气之虑也。心欲安静，虑欲深远；心安静则神策生，虑深远则计谋成；神策生则志不可乱，计谋成则功不可间。意虑定则心遂安，心遂安则所行不错，神自得矣。得则凝。识气寄，奸邪得而倚之，诈谋得而惑之；言无由心矣。固信心术守真一而不化，待人意率之交会，听之候也。

【译文】

坚定意志就是要在五气和思想上下功夫。心情要安详宁静，思虑要周到深远。只有心情安详宁静，精神才会愉快；只有思虑深远，计谋才能成功。精神愉快，心志就不会紊乱；计谋成功，功业就不可抹杀。意志和思虑能安定，心就能安稳，其行为没有差错，精神就能宁静。如果胆识和心气都是暂时寄住，那么奸邪就会乘虚而入，诈谋也会乘机来施展，讲出的话也不是经过用心考虑的。所以要坚信通达心灵的方法，信守纯真始终不变，静静地等待意志和思虑的交汇，听候期待这一时机的到来。

【本章提要】

所谓内功修炼，包括气质神采、敏捷思维、才学胆识、钢铁意志、通达事理、多谋善断等，这些是领导者必须具备的基本素养。怎样才能拥有这些素养？鬼谷子用了《本经阴符七术》七篇文章来阐述：前三篇是讲内养的项目——盛神、养志、实意——谈的是如何充实意志、涵养精神。后四篇讲的是分威、散势、转圆、损兑，说的是如何将内在的精神运用于外，如何用内在的精神去处理外在的事务。

1. 塑造鲜明的个人形象

鬼谷子谈到领导者时说，领导者必须是神采飞扬，光芒四射的。鬼谷子认为领导人要"盛神法五龙"，盛的意思是旺盛，领导人不仅要有神采，而且要有旺盛的神采，要精神饱满、熠熠生辉、神采奕奕。

领导者的外在形象有可能会影响到员工的信心，而神采能为人的外在形象加分，能增加一个人的磁场和能量。所谓磁场和能量，就是一个人的信赖感、亲和力、活力、激情、吸引力和影响力。所以，感召力、吸引力、无法抗拒的人格魅力是一个领导者必须具有的基本素养。

日本推销之神原一平说过："当你和别人在一起的时候，如果你没有魅力的话，你将毫无前途可言。"没有人愿意追随一个品位不高的人，也没有人愿意和一个没有格调、没有吸引力的人打交道。一个有魅力的领导者能控制组织的气氛，他的磁场和能量能在他所到之处辐射和传播开来，让所有遇到他的人为之痴迷疯狂。

要想成为领袖，就要塑造鲜明的形象。斯大林的气魄、克林顿的神采，这些都属于内在的气质；林肯诚实而忠厚的脸，艾森豪威尔宽厚的笑容，这些都属于形态方面。甚至某种商标式的用品也令人难忘，如卡斯特罗的烟斗、肯尼迪的摇椅，等等。

在2004年的美国大选中，共和党总统候选人布什4年之后再次胜出，民主党人陷入了痛苦的自我反省中。民主党人认识到，自己之所以失败是因为己方候选人克里没有前民主党总统克林顿身上的那种领袖魅力，因此必须尽快寻找出克林顿式的人物，4年之后再与共和党较量。

有专家认为，克里失利的重要原因在于缺少个人风格，他说："约翰·克里根本不像比尔·克林顿。他身上的亲和力太少，人们不太喜欢他。一位具有个人亲和力的温和的民主党候选人肯定能轻松战胜布什。此外，他过于自由主义，在堕胎、同性恋权利和枪支管理等关键的社会问题上站在美国主流观点的左边。"

形象给人留下的影响最深刻，因此对人们的影响力也最直接。历史上，我们知道，许多政治家为了得到民众的支持，达到自己的政治目的，做的第一件事便是了解民众的意愿，把握民众的心理，顺应民意，树立一个会被大众认同并信任的领袖形象。

美国总统罗斯福年轻时，常常是一身花花公子打扮，给人以玩世不恭的富家子弟形象。而在1910年，他为了竞选州参议员，一改往日装束，以朴素、勤劳的形象出现在乡村的选民面前。为了获得更多选民的支持，他驾着一辆既无顶篷又无玻璃的汽车，在丘陵、田野和泥泞的小道上奔波不止，经常弄得一身雨水或者满身灰尘。有一次，车子在半路坏了，他就步行约两千英里，走遍了各个村庄、店铺，走访了每一户居民。罗斯福的形象终于感动了村民。他也因此在竞选中大获全胜。

自信的神态、文雅的举止与合体的谈吐会让你看起来颇具风度，也更显魅力。

自信的神态会表现出威严与干练，让追随者可以在领袖身上找到他们达到目标与理想的希望。只有作为引航者的化身，才更能显出领袖独特的个人魅力。

因此，北大要求每个学生都要做到自信，对自己有充分的信心，而神态上的自信则是一位领袖对自己的事业与成功的信心的外在表现，它能赢得追随者的信任及他人的支持。

文雅得体的行为举止表现的是一个人的沉稳与修养。领袖所具有的文雅举止向外人传达的信息是他的深沉与稳重，赢得的是人们的敬重与信赖。

肯尼迪在其就职典礼的仪式中，注意到海岸警卫队士官生中没有一个黑人，便当场派人调查。在他就任总统后不久，竟能胸有成竹地回答关于美国从古巴进口1200万美元糖的问题，此举令众人折服；他能注意到白宫返青的草坪上长出了蟋蟀草，便亲自告诉园丁把它除掉……这些很小的细节都让人对他印象深刻。

总统罗斯福不但战胜了半瘫，他惊人的记忆力也让其他人望尘莫及。第二次世界大战中，有一条船在苏格兰附近突然沉没，原因一直无法确定，不知是触礁还是遭到了鱼雷。罗斯福认为更有可能是触礁，为了支持这种立论，他说出了当地海岸涨潮的具体高度以及礁石在水下的确切深度和位置。这使得许多人对他佩服不已。罗斯福还常常让人在一张只有符号标点而没有文字的美国地图上随意画一条线，他都能够按顺序说出这条线上有哪几个县。

所有这些并不只是说他们细心，有过人之处，其意义在于总统连全国每个县的县名和地理位置，乃至返青草坪上的蟋蟀草都注意到了，还有什么东西会落在他们的视野之外呢？民众对能够关注这些细节的总统总是会感到放心满意，会产生信赖感，并由此相信这位领袖的目光能够关注到每一个人的欢乐与痛苦。

注重细节并进行简明的指引也能产生魅力。而且，领袖能够激发民众的能量和渴求，并且用最简洁的语言表达出来。丘吉尔让人民相信，1940年惨败后的英国还没有输掉战争，只是需要"热血、劳苦、热泪和汗水"；罗斯福要带领美国人走出30年代的大萧条，他说："我们唯一畏惧的是畏惧本身。"列宁则为被战争弄得精疲力竭的俄国带来许诺："和平、土地和面包。"多么简洁的话，却又充满了神奇的力量！

鬼谷子说："盛神法五龙。""盛神"就是使精神旺盛，"法"就是学习、仿效。神采不是天生的，是可以通过后天学习，通过自己的修炼得到的。一个人三十岁以前的长相是爸爸妈妈在负责任，但三十岁以后给大家的印象，则是自己的责任。一个人的容颜可以随着岁月的更迭而逐渐衰老，但他的气质是可以随着个人修为和内涵的提升而变得越来越好的。

2. 形象受损时的危机公关

树立一个良好的形象，绝非一件易事；而要毁掉一个形象，却可以不费吹灰之力。当形象受损的情况下，领袖更要具有危机处理能力。毁掉他人名声、信誉的行家常常是那些让人又爱又恨的传播媒体。分析总统竞选的专家西奥多·怀特曾笑谈道："世袭的新闻大王们可以使一些人青云直上，而在很多情况下，更可以使他们身败名裂。"

作为一个组织或团体的领袖、灵魂人物，与新闻媒体之间的交往与沟通是不可避免的。在与之周旋和互利的过程中，必须要尽心应付，小心周旋。稍有不慎，就会使得自己或组织的形象受损，产生一些负面的影响。即使在新闻记者空穴来风、无事生非时，也不能撕破脸皮。

在美国，最会惹是生非的是那些记者，最大的受害者是一些政治领袖；而最能容忍、不与之计较的也是这些政治领袖。在美国历史上，很少有总统与记者对簿公堂，尽管被传媒记者正当或不当的做法败坏形象、殃及家小的总统大有人在，但他们无一不忍气吞声，其实目的只有一个：保护形象。如果总统起诉报界，不仅很难胜诉，还会惹出一身麻烦，既有损在公众心中的形象，又损害了个人的名誉，成为新闻炒作的对象。

美国前总统小布什就很善于利用媒体来营造个人形象，并在其幕僚的协助下，把总统职位改造成了一个礼仪性、象征性而又极具威力的职务。他不仅关注总统的形象，也关注总统业绩的积极展示。尽管布什的内阁成员（如切尼、拉姆斯菲尔德等）经常成为媒体炮轰的对象，但布什却始终置身事外，看上去就像一个慈父。在耶鲁的学习经历中，布什继续了他在组织方面的优异表现，虽然学习成绩平平，但在社交和领导才能的提高方面却是硕果累累。

布什还有针对性地展开自我包装工作。在"9·11"之后，他在硝烟未尽时跑去纽约现场凭吊死难者并安慰受害者家属；为了避免"文明的冲突"，他特意走访了华盛顿的伊斯兰中心，表示"无论从哪个方面，我们都没有把这看成是一场宗教战争……伊斯兰人民崇尚和平，穆斯林信仰是和平的信仰……"为了帮助共和党扩大在国会和州政府的优势，他"飞翔"于全国各地，为共和党的候选人助威、拉票，俨然一副共和党"教父"的姿态；为了不厚此薄彼，他不仅经常请主流媒体的记者来白宫做客，还于2003年10月13日特别接受了5家地方媒体的专访，使这些平时难有机会报道白宫事务的地方媒体受宠若惊……

不仅布什在积极地"表演"着，他手下的人也都热情地在与媒体周旋。像布什一样，国防部长唐纳德·拉姆斯菲尔德和美国负责伊拉克战后重建事务的最高文职行政长官保罗·布雷默都与地方媒体有过亲密接触；国务卿鲍威尔是"春天"派，扮演着较温和的鸽派角色，在鹰派过激时做出些纠偏式的举动，让舆论保持一种微妙的平衡……

就这样，布什不仅得到了美国公众的大力支持，还赢得了媒体的好感和敬畏，白宫官方网站还通过不定期的"向白宫提问"的公开聊天节目拉近普通民众与国家领导人之间的心理距离。所以，即使布什说了错话，做了傻事，报道出来的结果也显得十分亲切，就像他吃饼干噎了之后，媒体很快便把他母亲的忠告搬了出来，人情味十足。

在白宫上下的努力下，布什的任职表现使人们相信，在他的任期内，美国有能力面对一切危机，经济会慢慢好起来，全世界自由民主的进程也会因此而加速。事实上，总统及其幕僚们每一天都在煞费苦心地制造有利新闻，消除负面新闻，以通过新闻媒体的宣传确立他们满意的形象。

错误总是在所难免。身为领袖，不仅要承认自己的过失，更要有超出常人的勇气与承受能力，坦然地承认自己的失败，这样才会让追随者更认同你，也会提升你的形象与魅力。

当错误出现，危机发生时，领导者最重要的就是尊重自己的追随者，及时承认自己的错误。越想方设法为自己辩解，越无限期拖延，企业受到的伤害会越大，结果只会更糟。而对勇于认错的企业来说，危机甚至会转化为机遇。

只有真诚沟通才能换取信任。认错是一种态度，一种责任，也是企业危机初露时必不可少的姿态。虚心认错，积极改正，消费者才会宽容以待；逃避责任，不敢认错，企业最终会翻船。

3. 领导者要善于"充电"

《本经阴符七术》的第三篇讲道："心欲安静，虑欲深远。心安静则神明荣，虑深远则计谋成。神明荣则志不可乱，计谋成则功不可间。意虑定则心遂安，心遂安则所行不错，神自得矣。"也就是说，我们要收集更多的信息充实自己，让自己的思路更清晰。心安静下来了，才能够思考得长远，精神饱满，深谋远虑，让我们达到好的结果；好的结果出来了，志就不乱；志不乱了，计谋也就跟着来了。

如果企业领导者没有超人的智慧，就无法获得员工的追随。

"观阴阳之开阖以命物"，说明领导者要依据阴阳的辩证法则及理论，利用开阖的技巧去管理、处置、整顿、统御企业以及员工。

何为"阴阳"？阴者，是侧面的、负面的；而阳者，是积极的、阳光的、正面的。《周易》上说，"一阴一阳之谓道"，阴阳相合，万物都在"道"的控制之中。

河南宛丘（今河南周口淮阳县）有一个龙湖。据说伏羲氏在龙湖中发现了一只稀世白龟，白龟的龟壳上有天然的花纹。伏羲氏当时根据龟壳当中的花纹，推演出了先天八卦。这当然有神话的成分，但是《周易》上确实记载，伏羲氏观察自然界各种事物的运动变化，总结其规律，创造了先天八卦。

上古时期，伏羲氏创造了先天八卦，而《史记》上记载，"文王拘而演《周易》"，周文王推演出六十四卦，写成《周易》一书。后有孔子解《周易》，孔子和他的弟子把六十四卦作了注释，便形成了今日我们所见的《周易》。

《周易》认为，阴阳相长，相互矛盾、对立统一。这说明万事万物都是阴阳开阖的，领导者绝不能没有辩证法思想。

俗话说：花无百日红。当花开得旺盛的时候，就意味着它离凋谢不远了。"月盈则亏，水满则溢。"用在企业上，即意味着当一个企业发展很强盛的时候，也伴随着危机；当一个企业处在低谷的时候，也不要气馁，也许成功就在不远处。所以一个领导者，在企业兴盛之时必须要具有忧患意识。

领导者要清楚地认识到生存发展以及死亡的关键，要具有辩证法的修养，要有扎实的理论基础，能够见微知著，必须盛时有忧患意识、衰时有乐观精神。只有如此，一个企业才能在领导者的带领下发展、壮大。

通过十年左右的教育和引导，人们都知道牛奶对身体很好，可以补钙。所以乳制品行业非常兴盛，每一个电视台、每一个栏目都有牛奶广告。但不要忘记，当一个行业非常兴盛的时候，危机同时也在潜伏着……

国家经济快速发展，而乳制品市场更是不断扩大。三鹿为抢占低端市场，推出了18元一袋的婴幼儿奶粉，迅速成为行业巨头。但是在繁华的背后，三鹿忽视了质量和品质，2008年毒奶粉事件突然爆发，令人触目惊心。三鹿这个原本的行业巨头，被三聚氰胺压倒了。

三株口服液，在中国企业发展的历史上也曾占到非常重要的地位，但也已成为历史。三株是辉煌的，1994—1996年，仅仅三年时间，三株的销售额就从1亿元上升到80亿元，创造了中国企业的一个奇迹。但是企业领导者被眼前的繁荣迷花了眼，盲目扩张、管理效率低、机构冗大、夸大功效、虚假宣传……三株最终被自己压垮了，瞬间的倒塌令世人唏嘘不已。

不管是三鹿还是三株，都曾经站在行业的顶峰傲视群雄，但是它们的领导者却忽视了一直在旁虎视眈眈的危机，最终付出了巨大的代价。

所以一个领导者，必须有辩证法思想，要学会防患于未然，正所谓"生于忧患，死于安乐"，当企业发展良好之时，要找到隐藏在其背后、可能会引发事故的祸害根源。所谓"墙崩于隙，木毁于节"，小事不处理就会转变为大事。

领导者要有辩证的智慧，在企业弱小时，要看到未来的发展前景，用宏大的格局、远大的抱负带领团队，用坚定的理想信念、美好的未来鼓舞员工，将小团队当成大企业。当企业壮大时，要抓细节、找问题，不放过一丁点错误，将大企业当成小团队。这也是辩证的思想，领导者在不同的时期要有不同的智慧，懂得应变，懂得观察时事，懂得调整自己。

因此，领导者首先需要增长见识，特别是文化方面的修养。不要把自己局限在个人的小圈子里，两耳不闻天下事。

有空可以多泡图书馆，听音乐会，参观名书画展、艺术品展览，多参与一些文化人组织的活动。虽然这些活动你未必都感兴趣，但多参加能使你从优秀的作品中汲取营养，开阔视野，丰富知识，陶冶情操，从而提高你的文化底蕴和文化修养，让你在不知不觉中受到文化洗礼，谈吐更有内涵。当人们再次与你相遇时，总会发现一些他们以前所未发现的东西，感受到你知识的"渊博"和谈吐的"有品位"。

读书，不只是读的问题，更重要的是丰富自己，增长知识，提高品位，自我沉淀。有一句西方谚语讲"你读什么书，就会成为什么人"，从一个人对书籍的态度，就可以看出他的性格、思想以及生活态度。

每天抽出点时间坐下来，品品香茶，读读好书，这样会在不知不觉中提高你的文化品位。"读一本好书就是与一个高尚的人交谈。"反之，读一本坏书就是跟一个思想下流的人打交道，长期受他的影响，那就会"近墨者黑"。所以，一定要警惕自己休闲的品位，在选择书的时候，一定要读好书，读水准较高的书，而不要在一些低级书刊中寻找刺激，荒废时间，这对提高你的人格魅力和文化品位是毫无帮助的。

4. 树立威信，必要时杀一儆百

只有在有权威的情况下，社会才能保持安定的秩序，因为秩序是半自觉、半畏服的产物。权威就是一种力量，社会需要权威的支持。任何一种社会，一个组织，都必须有权威和服从。人类社会最可悲之处，在于人们常常像羊群一样，愿意听从，也需要跟随一名放牧者，尽管放牧者的威严必须是用手中的皮鞭建立起来。刘基曾借《郁离子》言："盖以杀止杀，圣人之不得已。"即对那些不听政令，危害团体的人，出于大利而以杀止杀是领导者不得已而为之的手段。用这种手段对付那些不听劝告的下属，可以从根本上打掉他们的威风，从而提高工作效率。

自古以来，政令的推行都要依靠法律的权威，而法律的权威则需要借助强硬的手段来建立。为政没有威严，那么百姓就无所畏惧，百姓无所畏惧则法制大乱，要达到天下大治就十分困难了。教诲是条漫长的路，杀一儆百是树立权威的捷径。因为榜样的力量是无穷的，好的榜样是最好的宣传，严惩坏的榜样的教化作用则远远胜过二十本教诲的书。古代著名的将领无一不是靠杀人立威的。姜太公杀狂才狂矞，以儆天下狂士；晋文公杀宠臣颠颉，以明军纪；韩信借故杀殷盖，以立己威；诸葛亮挥泪斩马谡，以整军威……自古当权者树立权威的最行之有效的方法就是对作恶者严惩。

就连一向倡导"仁政"的孔子在鲁国执政时也曾毫不留情地诛杀了少正卯。孔子杀少正卯的理由十分明确。孔子认为人有五种恶行："一是通达古今之变却铤而走险；二是不走正道走邪道；三是把荒谬的道理说得头头是道以蛊惑人心；四是知晓许多丑恶的事情；五是依附邪恶并受到重用。这五种恶行哪怕沾染上一种，君子就可以诛杀他。而少正卯五种罪行兼而有之，它是小人中的雄杰，所以不能不杀他。"为了树立统治者的权威，对于有恶行的小人必须严加惩处，杀一儆百，以改变社会风气。

杀一儆百的"一"，必须是要能引起人们震恐的角色，如果所杀之人只是一般角色，恐怕是不能让人们心里产生畏惧的。所以，一定要选出一个起震慑作用的"靶子"。孙武斩姬立威就是一个典型的例子。

春秋时期，孙武的兵法传到吴国后，吴王阖闾十分赞赏，马上邀请孙武到吴国来，帮助自己富国强兵。孙武说："我的兵法不仅可以练好男兵，还可以练好女兵。"吴王不信，就从自己的后宫选出一百多位宫女让他演练。孙武把宫女们分成两队，让吴王最宠爱的两个妃子当队长。然后说明演练的方法和纪律，并设立了刑具。一切交代妥当，孙武便击鼓号令，可是美女们却在一旁大笑，根本不遵守纪律。于是孙武再次示范了操练要领并重申了纪律。当孙武再次击鼓操练时，那两个得宠的妃子还是恃宠骄纵，根本不听他的命令。于是，孙武下令将两个妃子处死，吴王求情说："只是排练一下，饶过她们吧！"孙武回答说："将在外，君命有所不受。"还是下令斩了两个队长，后又重新选了两个队长。宫女们一看连吴王最宠爱的妃子都已被斩，再也不敢轻视，于是都认真地操练起来。虽然爱妃被斩，但吴王却非常佩服孙武的军事才华，因而十分重用他。

有时我们面临的对象地位比较特殊，若正面责罚可能会引起麻烦，因此就要从侧面入手，即"敲山震虎"，批评他身边的人，同样可以达到预期的效果。唐太宗晚年，高阳公主同僧人辨机通奸。高阳公主赠辨机金宝神枕，辨机不知珍藏，结果被盗贼偷走，后盗贼被捉，经审问说是从辨机处偷来的。后审问辨机，辨机说是高阳公主赠的。御史纠劾此事，太宗自觉惭愧，于是不问案情，处死了辨机，并将高阳公主身边的奴仆处死数十人，以此警告高阳公主。

我们常说"新官上任三把火"，尤其是新任职的领导，都希望能踢好"头三脚"，以便让自己的工作能尽快打开局面。所以，他们这时一定要想办法树立自己的威信。作为领导者，最有效的管理下属的方法就是寓严于宽。领导者要宽厚待人，对属下要一视同仁，不能分薄厚，亦不能分远近，要用对待自己亲人的那种仁爱之心，使下属感受到家的温暖，心甘情愿地为自己效力。但是宽厚之外，领导者还要有威严，以威严建信誉。大凡统帅、领导，在工作中都要有猛虎下山和蛟龙出海之势。

智者的武器是敏捷和机警，而愚者的不足是迟缓和多虑。"智者贵于乘时"，在批评对方时，不仅要找好批评对象，还要抓住有利的批评时机。批评不一定要大张旗鼓，有时要善于"借题发挥"，即抓住部下的一个小错误，大做文章，以达到震慑部属的目的。这样可以使下属心怀畏惧，不敢轻举妄动，从而树立起领导的权威。

雍正二年的一次朝会上，雍正升殿，刑部官员李建勋、罗樟在群臣还没落座时，也不行礼就坐下了。雍正皇帝立刻下令将李、罗二人交刑部问罪。并告诫百官说："朕见这几年上朝的礼节执行得很松弛，我父皇康熙帝不是不知道，只是对大家很宽容，监察官员也是睁一只眼，闭一只眼，不认真去管。我即位以来，看到这些现象很多，这不是一个好苗头，必须狠抓。今后如果再有类似失礼的事情发生，我就杀了他们两个，到时候别说是我杀他们，而是你们杀了他们两个。"

怠小事者，失大事；轻小事者，无成大事之能耐。对下属过宽容易使人养成松弛、浮躁的惰性。所以，要从不起眼的小事入手，唤起属下的纪律意识、责任意识，以增强组织的凝聚力。

5. 以身作则，树立坚定的纪律意识

鬼谷子强调："志不养，则心气不固。心气不固，则思虑不达。思虑不达，则志意不实。志意不实，则应对不猛。"如果不让自己具备坚强的意志，就会心气不固，定不下来，那么思考就不能达到精纯，思考达不到精纯，意志就不坚定。意志不坚定，应变能力就不够。

著名的苏联教育家马卡连柯曾说过："遵守纪律风气的培养，只有领导者本身在这方面以身作则才能收到成效。"作为一名领导，在规则和纪律面前，要身先士卒、以身作则，只有自己做好了榜样，才有资格去批评和引导那些没有遵守纪律的人。

俗话说："正人先正己。"要求别人做到的，领导自己必须先做到，要求别人不做的，领导自己必须坚持不做。只有这样，才能给下属们积极的影响，使他们不敢轻易触碰纪律和规则的底线。

曹操就是这样做的，他治军严厉，多次下达和颁布各种命令，要求严明军纪。因为他非常清楚，一支队伍如果没有纪律，是无法战胜敌人的。在树立纪律意识方面，曹操能做到以身作则，实为不易。

有一次，曹操在行军的时候下达了一个命令：不得践踏农田，要保护农民辛苦种下的麦子。如果谁的马践踏了麦田，就要处以死刑。所以，经过麦田时，曹操的骑兵全部下马步行，一只手牵着马，一只手拿着武器，用兵器把麦子护住，小心翼翼地行走。曹操坐在马车上前行，结果马儿受了惊吓，一下子向麦田奔去，践踏了麦田。

当马停下来后，曹操立刻下马，把军法官叫来说："我的行为该当何罪？"军法官说："按照丞相的规定，应该是杀头罪。"曹操说："好吧，请你行刑吧。"

军法官怎么可能行刑呢？他喊道："那怎么可以呢，古代的传统是，刑不上大夫，礼不下庶人，法不施于尊者。丞相作为一军统帅，怎么能杀头呢？"这时候，曹操的谋士荀彧说："主公，我们这次出战，怎么少得了主帅您呢？"

曹操说："那没办法，我先把头记在这里，让我戴罪立功，不过我必须受罚，那就割发代首！"说着曹操叫人拿来宝剑，割了一把头发，以表示自己受过惩罚。然后，曹操传令，将他割发代首的事情传至三军，让大家引以为戒。

在《曹瞒传》中，作者说曹操是在作秀，在骗取人心，以这个故事说明曹操虚伪、奸诈，规定踩了麦田要杀头，结果自己却弄个头发下来。其实不然，曹操这样惩罚自己，也是很重的刑法，这叫髡刑，髡刑就是把头发剃掉。古人认为，身体发肤受之父母，是不可以放弃的。因此髡刑是带有侮辱意味的刑罚。所以，曹操是受了刑的，这表明曹操以身作则、执法严明。

当今天的我们读到这个故事时，且不管曹操当时是不是在作秀，但作为最高统帅，他能做到以身作则，这种遵守纪律的精神也值得我们学习。在一个团队内，职位越高影响力越大。因此，如果老板犯错了而不按照规定受罚，那么就会产生很坏的影响，员工会在心里表示不满。而曹操的做法是执法严明，给下属树立一个正面的榜样。

在联想集团，董事长柳传志有许多传奇故事，其中有一则是他严于律己、迟到罚站。联想集团每周都会举行办公室例会，有一段时间，一些领导由于多种原因经常迟到，于是会议没法正常召开，大家只好坐在那里等领导来，这样就浪费了很多宝贵的时间。

柳传志发现这个问题后，补充了一条会议纪律：凡迟到者，都要在门口罚站5分钟，以示警告。纪律颁布后，迟到现象得到了很好的纠正，被罚站的人也少了很多。

可是，有一次柳传志因为特殊情况迟到了，他走进会场后，大家都在等着看他怎样解释和面对。柳传志首先诚挚地向大家道歉并解释迟到的原因，然后他很自觉地站到大门口罚站5分钟，这件事很快就传开了，整个联想集团的员工都为柳传志5分钟罚站而喝彩，其效果也是不言而喻。

柳传志的做法与当年曹操割发代首有异曲同工之处，他们都是在用实际行动为大家做表率。面对自己犯的错，他们没有找借口搪塞，更没有只字不提逃避过去，而是勇敢地承认错误，然后按照定下来的纪律来惩罚自己。

作为公司的老板，公司的各种规定大都是老板与高级管理者共同制定出来的。如果这些规定只是给普通员工制定的，那么这无形中就是告诉员工：领导和员工是不一样的，在同样的错误面前，受到的"待遇"会截然不同。这等于是把领导分为一派，把普通员工分为一派，这样就容易导致领导失去威信，不利于整个团队凝聚力的形成。如果你不希望公司出现这些不良后果，就要学会以身作则，为普通员工树立一个好的榜样。

在有着和谐氛围的公司里，领导从来不认为自己高人一等，他们和普通员工是平等的，这样当领导犯错了，员工会敢于指出领导的错误。美国IBM公司董事长沃森身上发生过类似的事情。

有一次，沃森陪同一个国家的王储参观工厂，走到门口时，被两位警卫拦住了。"对不起，先生，您不能进去，进入IBM的厂区需要佩戴蓝色的胸牌，进入行政大楼的工作人员佩戴的是粉红色的胸牌。您佩戴的是粉红色的胸牌，因此不能进入厂区。"

沃森的助理彼特对警卫叫道："这是IBM的董事长沃森，你们难道不认识吗？现在我们要陪重要的客人参观，请你让开。"警卫说："我们当然知道这是沃森董事长，但公司规定必须佩戴蓝色的胸牌，所以，我们必须按照规定办事。"

这件事给沃森带来很大的感触，他认识到自己作为领导，没有做好表率。因此他非但没有责怪警卫，还表扬他们，然后安排助理赶快更换了胸牌。

看看这些大公司的领导，他们对待公司的规定，从来都是一视同仁地遵守。即便他们也违反过公司规定，但他们能及时认识到错误，并且会按照规定处罚自己，这种认错和守纪的意识，是值得我们学习的。

对于一个企业而言，如果没有制度和纪律，就必然会造成整个企业执行力的缺失，以及部门的内耗、操作系统的紊乱。所以，在一个企业里，敬业、服从、协作等精神永远都比任何东西更重要。当然，这些品质不可能与生俱来，所以，对员工进行培训和灌输纪律意识显得尤为重要，就像军队不断要求每个人的着装和仪表一样，最后是要让所有人都明白："纪律只有一种，这就是完善的纪律。"

当然，从学习规则、遵守纪律、树立纪律意识、刻意使自己的行为服从于纪律，到自觉把纪律变成自己的习惯，需要一个较长的过程，需要克服自身许多不完善之处。但只有把纪律变成习惯，我们才能具备持久的战斗力。

纪律是世界上最重要的事情，没有纪律，就没有品格，没有品格，就没有进步。现在大家都在谈企业文化，可以这样说，纪律就是企业文化的核心内容。没有纪律的企业文化是不可能指导企业的各项实践有序进行的。无独有偶，湖南远大集团的纪律也是令人震撼的。

湖南远大集团的标准体系、执行体系都非常细致，细到如何走路、如何开车、如何绿化、员工出差要随身携带的物品等都规定得清清楚楚。

每一个企业员工都要具有强烈的纪律意识，在不允许妥协的地方绝不妥协，在不需要借口的时候绝不找借口——比如质量问题、对工作的态度等。

可以说，铁一般的纪律和强大的执行体系、规章制度与操作体系，推动远大集团加快了发展的步伐，造就了一个新时期的远大集团。由此看来，对组织而言，纪律就是有形的规章制度和无形的企业文化，属于约束行为的范畴。但是对管理者则有着更深一层的意义，纪律是管理者个人本身的管理品格。组织的运作需要有明确的规章制度作为行事规范，但是要让规章制度发挥效用，就需要管理者有以身作则、落实纪律的精神，一位没有纪律的管理者是无法有效地领导团队的。

在组织中，恪守纪律是管理者赖以执行职务的要素，它代表着管理者对工作的态度、对角色职务的尊重以及对组织的承诺。我们知道管理工作本身是极为复杂的，面对不同且快速变化的人与事，若是不能维持纪律的精神就容易迷失方向，影响团队目标的实现。许多管理者之所以会身陷经营困境，其主要原因就是个人及团队失去纪律的精神，处理事务无法持之以恒。

卡莉·菲奥丽娜女士在接任美国惠普科技公司总裁时，特别强调："新一代的领导方式不再是掌握信息，信息只是一种每个人都可以享用的工具。因此，惠普倡导一种新的领导方式，这就是制定一个框架让员工去自由发挥。当员工愿意主动承担企业所面对的问题时，就能引发他内心的热情与动力，激发出创新与思考，使得企业与员工都受益。但不可以逾越企业整体发展的全局框架，这种框架既代表着员工个人的发展空间，也代表着企业组织的纪律要求。"

纪律是组织促使创新变革发挥效益的关键。组织要保持成长的原动力，就必须持续进行创新与改革，要想在企业经营中持续改革，那么纪律就是不可或缺的要素之一。在改革中必然会遭遇到许多困难，这时需要的绝不只是能力，要能随变化而快速地采取行动，依靠的是纪律。唯有纪律才不会失去方向，才可以有效地成功应变。

对管理者而言，纪律除了有约束他人的部分外，更重要的是自律。纪律从某种意义上讲就是实践自己的价值观，它是个人智慧、技能与修养的具体表现。纪律的目的不是限制他人，而是自我要求，纪律的表现不只影响自己的角色定位，也牵动着与团队成员的关系。同时，纪律的扩散性及影响力，能由管理者个人扩散到团队全部，达到上行下效的效果。

纪律不仅可以避免犯错，也是成功的基础。优秀的管理者绝对不会轻视纪律的能量。只要团队每个成员都永远铭记着团队的律条，那么这个团队就拥有了美好的未来。

6. 把所有的追随者培养成领导者

鬼谷子论天道，其文中"天道"为"持枢"。"持枢，谓春生、夏长、秋收、冬藏，天之正也。不可干而逆之；逆之者，虽成必败。"

古人云："欲纵横天下须依天行道，做可为之事。"天道是关键，世人做事就要把握关键。鬼谷子的持枢智慧中论及春生、夏长、秋收、冬藏，就是说不可违犯四时行事，否则虽盛必衰。而公司领导者识人用人也与"持枢"一样。春生、夏长、秋收、冬藏，相对应的分别为生聚、培育、逞才、储备。

生聚，把那些有共同志向，共同目标感的人凝聚在一起。

培育，把人召集过来，培养他胜任岗位的能力。领导者就是最大的教育者，教育在职员工该怎么胜任本职工作。阿里巴巴的马云曾说过："一个不会教育培训员工的领导者充其量只能做一个监工。"

逞才，人尽其才，把员工放在合适的岗位，使他发挥自己的能力。员工是公司最大的资产，领导者有义务去维护他、投资他、培育他，让他增值并创造红利。一个员工到公司来没有创造业绩，谁之过？员工自己当然是有责任的，但最重要的是领导者没有认真思考过这些问题：为他安排的岗位对吗？他知道做这件事情的意义吗？他具备做这件事情的能力吗？

储备，就是为公司的未来发展去储备力量。

领导力是获得追随者的能力，也是把追随者培养成领导者的一种能力。

帝王选择接班人，是关系到江山的兴亡大事。管理者选择接班人，也关系到企业的命运。企业的兴衰，固然与企业所奉行的企业文化和管理方式有关，但真正的决定性因素是其核心领导人。

领导者最重要的任务之一就是培养其他的领导者。

刘备共有四子，养子刘封已在荆州后，逼反孟达而被诛杀。长子刘禅，次子刘永，三子刘理。

四个儿子之中，就属刘禅资质最差，最没出息，最没本事，也最没骨气，但刘备就偏偏选他来当皇帝的接班人。把好端端的蜀汉事业拱手送与他人。

有预测指出，未来十年将是中国真正诞生世界级企业的十年。而领导力、创新、核心竞争优势等便是企业能否成功变革的关键因素。而未来这十年，正是企业面临领导人接班、创新商业模式、优化管理模式的十年。也就是说，如何快速培养接班人，打造和升级自身的领导力已经成为领导者们刻不容缓的课题。

领导者要想为组织的发展培养优秀的人才，就必须创造一个能够锻炼人才的环境，然后从中选拔出一个最合适的人来当自己的继任者。

现在，在中国很多城市都能看到的肯德基快餐店的创始人哈兰德·桑德斯，他在二十多岁的时候，开办了自己的加油站，并且在旁边开了家小餐馆。20世纪30年代，桑德斯发明了一种烹制鸡肉的秘方：在鸡肉上涂上一层特殊的作料，然后高压煎炸。这种炸鸡首先在他的加油站销售，吃过这种炸鸡的人都非常喜爱它的味道。

为了让更多的人吃到这种美味炸鸡，桑德斯在1950年时，决定用许可权的方式让别人也使用他发明的这种秘方。之后，加盟他的这种炸鸡的店在1964年时达到了700家。这一产品的成功，主要在于桑德斯坚持为了保证所有产品的质量，将产品集中在一条生产线上生产。

这时，桑德斯已经74岁了，年龄不允许他一直做下去。于是，他开始为自己发明的这种炸鸡找继承者。

几经周折，桑德斯终于以200万美元和附带终身薪金的价格，把自己的企业卖给了一位29岁的年轻人约翰·布朗。布朗任人唯贤，他很快招聘了新的经营管理人员进入公司。而当时，正是美国快餐业发展的黄金时代。在这种环境下，肯德基惊人地发展起来。以后的五年中，销售额年平均增长率达到96%。

布朗会用人，是肯德基迅速发展的关键因素，他选择了一大批工作认真的企业管理人员。而在管理方法上，布朗信奉的是让每一个管理人员，都有机会在这个快速发展的企业中变得富有。因为公司的扩张依靠的是出售特许权，所以不需要投入高额的成本来支持这一行为，这就保证了投资者的收益。同时，销售额的增长也为公司的管理者们提供了升职和购买股票的机会。

肯德基在布朗手上经历了又一阶段的高速发展后，公司就开始要找新的经营者。1971年，布朗和马歇尔以2.75亿美元的价格，把肯德基转让给了休伯莱恩公司。休伯莱恩是一家经营包装食品的公司。它在收购了肯德基的所有权后，就开始开展肯德基的国际化道路。这也是休伯莱恩公司能和布朗达成收购协议的原因之一。

然而，这次行动却不是很顺利。刚开始似乎一切都没问题，一直到1973年为止，肯德基已经在日本开了64家分店，在中国香港开了15家分店。同时，肯德基还进入了澳大利亚、英国、南非等国家。但紧接着，由于美国和东道国文化间的差异带来的管理方式的不同，让各国管理人员感到难以适从，公司开始亏损。终于，在承受了巨大的亏损后，肯德基于1975年从中国香港全面撤退。肯德基在日本的分支机构，在20世纪70年代也是大部分处于亏损状态。造成肯德基亏损的原因主要是休伯莱恩公司收购它以后，许多之前布朗雇用的管理人员被辞退，这些就造成了特许经营商中的混乱。1976年开始，公司的销售额每年减少8%，利润减少26%。

而且，快速发展而管理跟不上，造成的后果是质量不稳定。这时，肯德基的创始人、已经白发苍苍的哈兰德·桑德斯也公开承认，许多分店不能保证足够清洁卫生的进餐环境，服务和产品质量也都很差。

随着经营环境恶化，休伯莱恩公司邀请迈克尔·麦尔斯来管理肯德基。麦尔斯上台后，采取了一系列的措施，让肯德基的经营管理在全球范围内进行转轨。这一系列措施带来了惊人的变化，从1978年到1982年，公司自营店的销售额年平均增长率为73%，特许店的销售额年平均增长率为45%。这个时候，肯德基在日本有近400家分店，在新加坡有23个特许分店。

不巧的是，肯德基的快速发展又受到了资金上的阻碍，肯德基获得的利润大部分用在了休伯莱恩公司恢复烈性酒的生产上。这时的肯德基，每年只有5000万美元的扩张资金，而他的主要竞争对手麦当劳每年却能投入4亿美元用于扩张。休伯莱恩公司又开始寻求新的收购公司。终于，在1982年年末，R.J.雷罗斯公司以14亿美元收购了休伯莱恩公司。之后，麦尔斯离开了肯德基，从这时起，肯德基又开始了新一轮的快速发展。

从肯德基的发展上我们可以看出，肯德基的每一次涤荡，不管是失败，还是成功，都是在更换新的接班人之后开始的。而所有这些新的接班人所实施的战略的对错，将直接影响到肯德基的实际发展。

因此，公司管理者的思想高度，决定了公司的发展高度。所以，如果想要公司能够发展得更好，就必须让你的下一任管理者能够有高过你的眼界以及管理水平。只有这样，才能保证公司一步步地壮大和发展。

领导者要把所有的追随者培养成领导者，这就是鬼谷子的一个基本的领导思想。公司在规划接班人计划时，必须做好下面三件事。

其一，确定继任者的领导风格，并且这种风格要符合公司的企业文化。

作为公司的员工，只要跨入这个公司，就表明每个人都是符合公司组织文化的。而对于公司而言，在培育或是找寻相关的接班人时，首先依然要多方面观察或了解该候选人是不是符合企业的组织文化。常常有这样的情况：一位在这个企业做得很好的领导人到了另一家企业就成绩平平，甚至没多久就离职了。这种情况绝大多数都是由企业文化的差异造成的。

所以，企业有必要通过观察候选人平日的行为及其工作成绩，来了解候选人的行为、态度、意愿及动机、理念、价值观，以便将来接任该职位时，能够有一致性的认同。

其二，确认继任者的知识、技术和能力是否够资格。

对于继任者的选择，除了由企业人力资源部门安排一整套合适的培训考核之外，其所属的主管也必须留意继任者的知识、技术和能力是否与未来工作相适应，而且还要根据不同候选人的性格特点制订行动方案，并且随时检查学习进度，详细地讨论计划是否需要修改或是否需要相关资料及工具。

其三，尽量扩大人才数据库。

企业在选择继任者时，要尽可能扩大候选人的来源，若是组织内部缺乏相关人员或是数量不足，人力资源部门将要对外部实施招募遴选规划与任用安排。当然，在人员的挑选上，除了不只是单纯地挑选相同领域的人之外，也可以考虑不同领域的人员，另外，轮调也是可行的方式之一。

7. 恩威并施，赏罚分明

鬼谷子认为，领导者高高在上，工作上不体恤下属的艰辛，生活上不关心下属的困难，情感上不过问下属的冷暖，这就完全背离了人性化管理的要求；领导者虽然谦恭低调，但却一味无原则地迁就下属，对下属的错误言行不予指正，逐渐助长下属的歪风邪气，致使他们不听指挥、不服管教、不受约束。毋庸置疑，这两种极端都是要不得的。

日本松下电器创始人松下幸之助认为，企业领导者对待下属，应该像慈母的手紧握钟馗的利剑一样，平日里给予无微不至的关怀，犯错误时给予严厉的批评或惩罚，恩威并施、宽严相济，这样才能提高领导者的威信，从而成功地驾驭下属。

松下幸之助说，慈母的手、慈母的心，是每一个领导者都应该具备的。对于自己的员工，要真心地予以维护和关爱。因为他们是你的同路人，甚至是你的依靠。但同时还必须严厉，尤其是在原则和规章制度面前更应该分毫不让，对于那些违反了规章制度的员工，就应该举起钟馗剑，狠狠地砍下去，绝不姑息。

随身听是索尼公司最重要的电子产品之一。一次，一家分厂的产品出了问题，总公司不断收到客户的投诉。后来经过调查发现，原来是随身听的包装出了点问题，但并不影响随身听的使用，分厂立即更换包装，解决了客户投诉的问题。可是公司总裁盛田昭夫并没有就此了事。

分厂厂长被叫到总公司的董事会议上，要求对这一错误做陈诉报告。在会上，盛田昭夫对他进行了严厉的批评，并要求公司上下引以为戒。这位厂长已经在索尼公司工作了几十年，这是他第一次在大庭广众之下受到如此严厉的批评，所以他感到异常难堪，禁不住失声痛哭起来。

会议结束后，他精神恍惚、有气无力地走出会议室，正考虑着准备提前退休。突然盛田昭夫的秘书把他叫住，热情地邀请他一块儿出去喝酒。在酒吧里，这位厂长不解地问："我现在是被总公司抛弃的人，你怎么还这样看得起我呢？"盛田昭夫的秘书回答说："董事长一点也没有忘记你为公司所做的贡献，今天的事情也是出于无奈。会议结束后，他担心你为这事伤心，特地派我来请你喝酒。"

接着，秘书又说了一些安慰和鼓励的话，这位厂长极端不平衡的心态这才稍稍缓和了一些。喝完酒，秘书又把他送回家。刚一进家门，妻子迎上来对他说："你真是一个备受总公司重视的人！"

这位厂长听了感觉很奇怪，难道妻子也来挖苦自己？这时，妻子拿出一束鲜花和一封贺卡说："今天是我们结婚20周年的日子，你都忘记了！"

这位厂长更加疑惑不解了："可是这跟我们总公司又有什么关系？"原来，索尼公司的人事部门对每位员工的生日、结婚纪念日等重要节日都有记录，每逢这样的日子，公司都会为员工准备一些鲜花、礼品。只不过今年有些特别，这束鲜花是盛田昭夫特意为这位厂长订购的，并附上了他亲笔写的一张贺卡，以勉励这位厂长继续努力。

盛田昭夫不愧为一个恩威并重的高手，为了总公司的利益，他对下属的错误不能有丝毫的宽待，但考虑到这位厂长是位老员工，并且为索尼公司做过突出的贡献，为了有效地激励他改正错误，更加积极努力地为公司效力，于是采取了请喝酒、送鲜花的方式对他予以安抚和鼓励。盛田昭夫这种恩威并重的管理方法，被很多人称为"鲜花疗法"。

那么，领导者如何做到恩威并施呢？

（1）以人为本顺民意

领导者应该对下属多一些人文关怀，主动放下架子和下属接触、交流、谈心，以清楚地了解他们心里所需，并给予他们力所能及的帮助；切忌以领导自居，高高在上，对下属不闻不问，甚至拒人于千里之外。此外，领导者在做重要决策时要民主一些，主动征求下属的意见，以争取下属最广泛的理解和支持。

（2）赏罚分明树正气

领导者如果有功不赏、有过不罚，必然无法鼓舞士气，无法激发下属工作的积极性，这样一来，整个企业团队就会逐渐丧失凝聚力和战斗力，必然导致政令不畅。因此，身为领导者，必须做到赏罚严明，赏要赏得众望所归，罚要罚得心悦诚服，这样才能树立起领导者的权威。

（3）刚柔相济立威仪

对待下属，领导者应以亲善为主，面带微笑，让下属如沐春风。领导者如果总是冷若冰霜，一脸严肃，下属就会敬而远之。但是，领导者也不能做没有原则的老好人，对待下属的错误言行必须及时指出，动之以情，晓之以理。如果下属所犯的错误比较严重，必须予以相应的批评和惩罚。这样，领导者才会既有亲和力，又有不怒而威的威仪。

第九章

三寸之舌，强于百万之师

【原文】

凡度权量能，所以征远来近。立势而制事，必先察同异。别是非之语，见内外之辞，知有无之数，决安危之计。定亲疏之事，然后乃权量之。其有隐括，乃可征，乃可求，乃可用。引钩箝之辞，飞而箝之。

【译文】

大凡揣度人的权谋、衡量人的才能，就是为了感召和吸引或远或近的人才。为了立稳权势、管理各项大事，必须首先考察彼此之间的同与异。辨别言论的是与非，分析对内对外言辞的真伪，了解他有无真才实学，决断国家安危的大计，确定亲疏之大事，然后权衡彼此的轻重，裁量彼此的长短。一旦时势需要，就可以征召他们，可以与他们相谋，也可以任用他们。要先运用诱导的言辞，获知他们内心的真实感情，再用褒扬的方法控制对方。

【本章提要】

生活中有许多成功的幸运儿，他们大都才华横溢、风度翩翩、处处引人注目。有的人可亲可近、善解人意，令人一见如故，顿生信赖，从而赢得了较量中最重要的"人和"；有的人则精明练达、沉着勇敢，能够面对前进道路上的艰难险阻；有的人则掷地有声、一呼百应，能轻而易举地号令群雄……到底是什么构成并显示了他们的才华和风度呢？鬼谷子讲："饰言而成文章，而后可论之。"一代谋略大师鬼谷子十分重视语言的功效，并且已经认识到，语言是人思想的外衣，语言的功能在于修饰人的思想，语言是思维的一面镜子，是思想的物质外壳，是人类智慧发展的产物。"言为心声"，一个人的才华和风度最主要的是通过这个人的言谈举止体现出来的。

1. 谈话要因人而异

"语言是思想的光辉，气质是精神的体现。"战国时的苏秦运用其如簧之舌，游说各国，致使六国共同抗秦，暂解危机，阻碍了秦国的称霸过程；张仪又以其伶牙俐齿，瓦解了抗秦联盟，为日后秦统一中国奠定了基础；法国大革命时期，正是罗伯斯庇尔的激愤演说，使得人民终于冲破重重阻挠，把罪恶滔天的路易十六推上了历史的断头台；第二次世界大战的罪魁祸首希特勒之所以能从维也纳街头的一名流浪汉发迹为一国首相，靠的就是他那张极富煽动力的嘴巴。

语言的效力并不在于说多少话，而在于说话要恰如其分，即善于抓住关键，把握分寸，既要追求质量，又要掌握分寸。说话当长则长，该短则短；音量当大则大，该小就小，既不能使人不明白，也不能讲个没完没了。经过考虑的片言只语，胜过冗长的无稽之谈。假如你细心观察就会发现，现实生活中，出言不当，会令你四面楚歌；用言妥帖，会让你左右逢源。

古代有个叫薛登的人，是宰相之子。奸臣金盛想谋害薛登的父亲，于是就想从薛登身上开刀。一次，金盛用激将法引诱薛登砸坏了皇门边的一只木桶。皇帝龙颜大怒，要治薛家父子的罪。薛登略微思索了一会儿，说："请问陛下是一桶（统）天下好，还是两桶（统）天下好?"皇帝说："当然是一统天下好。"薛登拍手称赞说："皇帝说得好极了！一统天下好，所以我把那只多余的桶给砸了。"皇帝一听，转怒为喜，连连称赞薛登聪明过人，夸薛父教子有方。薛登正是巧用谐音，随机应变，才将灾难消除于口舌之间。

在与人交谈中，除了用语要恰当，还要注意交谈对象的文化层次、生活环境。谈话时要因人而异，不要不懂变通，千篇一律。

明人赵南星在《笑赞》里写过一个笑话：一个秀才想买柴，就对卖柴的人说："荷薪者过来。"卖柴的一听，就把柴挑到他面前。秀才又问："其价如何？"卖薪者一听问价了，就说出了价钱。秀才又说："外实而内虚，烟多而焰少，请换之。"卖柴的没听到柴字，不知道秀才在说什么，于是挑起柴就走了。

秀才因为一个劲儿地之乎者也，而使卖柴者如入迷雾之中不知所云，因而没有买成柴。所以，说话时一定要注意交谈对象，不要让你的话听起来如雾里看花。

"语言不仅是思想的媒介物，也是思考的一种有效的工具。"明确的语言取决于明确的思想，思想上的错误会引起语言上的错误，语言上的错误会引起行动上的错误。在社交场上，你若不能随机应变，左右逢源，就会被对手弄得窘态百出；在领导人竞选上，你若不能晓之以理，动之以情，就无法得到选民的支持；在谈判场上，你若不能据理力争，语出惊人，你就会任人宰割；在法庭辩护上，你若没有犀利的言辞，严密的逻辑，就会败下阵来；即使在爱情上，你若不能恰如其分地表达自己的心声，都很难得到对方的垂青。

语言是交流的工具，语言最大的功用就是掷地有声，就是能导致行动上的效果。所以要尽一切可能，发挥语言的作用，使其促使人行为变化。用幽默、风趣的语言，即使你在讲述令对方极为尴尬的事件，也一定会赢得人们的笑声。因为幽默产生的笑，不仅是一种情感活动，更是一种智慧活动。

美国著名作家马克·吐温有一次去外地办事，他听说当地的蚊子特别厉害，要是不事先和服务员打好招呼，做好防御工作，肯定睡不好觉。怎么办呢？如果直接向服务员说蚊子太多，势必会引起服务员的反感，于是马克·吐温决定另辟蹊径。正巧马克·吐温登记住宿的时候，一只蚊子飞过来。马克·吐温马上说："早听说贵地的蚊子十分聪明，它已经提前来报到了。"服务员们一听都笑了，自然十分关注马克·吐温住的房间，马克·吐温也如愿以偿地睡了一个安稳觉。

幽默是一种艺术，你可以用幽默来增进与他人、组织及公众之间的关系。它可以使你从令人发窘的问题或尴尬的环境中脱身，它可以化阴暗为光明，化干戈为玉帛。一位实业家要奔赴香港，这一举动引起了各方面的重视，这位实业家一下飞机马上被记者包围了。记者们对实业家频频发动攻势，有位女记者问道："请问，您带了多少钱来？"这个问题很直接，也很尖锐。实业家灵机一动回答道："对女士你不能问她的年龄，对男士你不能问他的钱财，小姐你说对吗？"一句话既回答了问题，又具有幽默感，使自己变被动为主动。

现代社会的种种机遇都要靠你的口才来开拓，生活的种种成功要靠口才来促成，与人交往或一决高下要靠你的言语来体现。良好的口才是现代人取得事业成功的基本保证。富兰克林曾经说过："说话和事业的进展有很大关系，如果你出言不慎，那么你将不能得到别人的合作、别人的助力。""一人之辩，重于九鼎之宝；三寸之舌，强于百万之师。"人与人之间的相处，人与人之间的信息交流，首先是通过交谈开始的。离开了语言，整个世界将变得黑暗，人与人之间的沟通就失去了桥梁。人生要想成功就必须学会如何与人沟通，如何恰当运用语言。

2. 多谈对方的得意之事

鬼谷子所谓"说人主，则当审揣情"，"揣情"首先要准确地判断对方的心理。要准确地把握对方的心理，对方若是喜怒都写在脸上的人自然容易，但对于城府颇深的人，却是一件难事。"常有事于人，人莫先事而至，此最难为"，在人际交往中要取得成功，善于揣测人情，及时观察对方脸色而探知其内心变化，在言语沟通中的重要性自然不言而喻。

无论是与朋友还是客户交谈，多谈一谈对方的得意之事，这样容易赢得对方的赞同。如果恰到好处，他肯定会高兴，并对你心存好感。

美国著名的柯达公司创始人伊斯曼，捐赠巨款在罗彻斯特建造一座音乐厅、一座纪念馆和一座戏院。为承接这批建筑物内的坐椅，许多制造商展开了激烈的竞争。但是，找伊斯曼谈生意的商人无不乘兴而来，败兴而归，一无所获。正是在这样的情况下，"优美座位公司"的经理亚当森前来会见伊斯曼，希望能够得到这笔价值9万美元的生意。

伊斯曼的秘书在引见亚当森前，就对亚当森说："我知道您急于想得到这批订货，但我现在可以告诉您，如果您占用了伊斯曼先生5分钟以上的时间，您就完了。他是一个很严厉的大忙人，所以您进去后要快快地讲。"亚当森微笑着点头称是。

亚当森被引进伊斯曼的办公室后，看见伊斯曼正埋头于桌上的一堆文件，于是静静地站在那里仔细地打量起这间办公室。

过了一会儿，伊斯曼抬起头来，发现了亚当森，便问道："先生有何见教？"

秘书简单介绍了亚当森后，便退了出去。这时，亚当森没有谈生意，而是说："伊斯曼先生，在我等您的时候，我仔细地观察了您的办公室。我本人长期从事室内的木工装修，但从来没见过装修得这么精致的办公室。"

伊斯曼回答说："哎呀！您提醒了我差不多忘记了的事情。这间办公室是我亲自设计的，当初刚建好的时候，我喜欢极了。但是后来一忙，一连几个星期我都没有机会仔细欣赏一下。"

亚当森走到墙边，用手在木板上一擦，说："我想这是英国橡木，是不是？意大利的橡木质地不是这样的。"

"是的。"伊斯曼高兴得站起身来回答道，"那是从英国进口的橡木，是我的一位研究室内橡木的朋友专程去英国为我订的货。"

伊斯曼心情极好，便带着亚当森仔细地参观起办公室来。

他把办公室内所有的装饰一件件向亚当森作介绍，从木质谈到比例，又从比例扯到颜色，从手艺谈到价格，然后又详细介绍了他设计的经过。

此时，亚当森微笑着聆听，饶有兴致。他看到伊斯曼谈兴正浓，便好奇地询问起他的经历。于是，伊斯曼向他讲述了自己苦难的青少年时代的生活，母子俩如何在贫困中挣扎的情景，自己发明柯达相机的经过，以及自己打算为社会所做的巨额的捐赠……亚当森由衷地赞扬他的功德心。

本来秘书警告过亚当森，谈话不要超过5分钟。结果，亚当森和伊斯曼谈了一个小时，又一个小时，一直谈到中午。

最后，伊斯曼对亚当森说："上次我在日本买了几张椅子，放在我家的走廊里，由于日晒，都脱了漆。昨天我上街买了油漆，打算自己把它们重新油好。您有兴趣看看我的油漆表演吗？好了，到我家里和我一起吃午饭，再看看我的手艺。"

午饭以后，伊斯曼便动手，把椅子一一漆好，并深感自豪。直到亚当森告别的时候，两人都未谈及生意。最后，亚当森不但得到了大批的订单，而且和伊斯曼结下了终身的友谊。

为什么伊斯曼把这笔大生意给了亚当森，而没给别人？这与亚当森的口才很有关系。如果他一进办公室就谈生意，十有八九要被赶出来。亚当森成功的诀窍，就在于他了解攻心对象。他从伊斯曼的办公室入手，巧妙地赞扬了伊斯曼的成就，谈得更多的是伊斯曼的得意之事，这样就使伊斯曼的自尊心得到了极大的满足，把他视为知己。这笔生意当然非亚当森莫属了。

这里，鬼谷子告诉了我们一些方法。游说对方时，要在对方心情愉悦的时候交谈，并设法使对方欲望极度膨胀，对方有欲望和需求，总是会有外部的神态变化。一般说来，心中的欲求能形之于外部神态，关键要靠敏锐的观察力来捕捉对方的心理。不时地察言观色，就能知道人的心灵深处的欲求，"此所谓测深揣情"。

鬼谷子还说，即使有先王之道，有圣人之谋，没有揣情术也无法知道隐匿的东西。因此说，揣情是谋略的根本，是游说的主要方法。能运用此术的人，常常能通过一件细小的事情洞悉一个人的性格和为人。另外，在事情还没有发生以前，便事先知道事情的发生、发展和结果，这是最难的。

谋事在先，先谋之时，根据对象的不同，揣测也应因事而异。提前预料是一般人难以做到的，所以说揣情之术是最难以把握运用的。揣情之时，必须根据不同时势、情态做出判断，才能临危不惧，遇乱不慌。

3. 谈话之前要充分准备

鬼谷子认为，要保证游说和谋略行动的成功，有两个不可或缺的环节，即"审量权""审揣情"。这里的"审"，就是细致、精心的意思。在把握基本事实的基础之上，进行缜密的分析、判断，进而决定最佳的行动方案。

美国人总是习惯行动前把目标方向了解清楚，不主张贸然行动。所以，他们的生意成功率较高。

美国商人在任何商业谈判前都会先做好周密的准备，广泛收集各种可能派上用场的资料，甚至对方的身世、嗜好和性格特点，使自己无论处在何种局面，均能从容不迫地应对。

一次，一家美国公司与日本公司洽谈购买国内急需的电子机器设备。日本人素有"圆桌武士"之称，谈判经验丰富，手法多变，谋略高超。美国人在强大对手面前不敢掉以轻心，组织精干的谈判班子，对国际行情做了充分了解和细致分析，制订了谈判方案，对各种可能发生的情况都做了预测性估计。

美国人尽管做了各种可能性预测，但在具体方法步骤上还是缺少主导方法，对谈判取胜没有十分的把握。谈判开始，按国际惯例，由卖方首先报价。报价不是一个简单的技术问题，它有很深的学问，甚至是一门艺术：报价过高会吓跑对方，报价过低又会使对方占了便宜而自身无利可图。

日本人对报价极为精通，首次报价1000万日元，比国际行情高出许多。日本人这样报价，如果美国人不了解国际行情，就会以此高价作为谈判基础。但日本人过去曾卖过如此高价，有历史依据，如果美国了解国际行情，不接受此价，他们也有辞可辩，有台阶可下。

事实上，美国人已经了解过国际行情，知道日本人在放试探性的气球，于是果断地拒绝了对方的报价。日本人采取迂回策略，不再谈报价，转而介绍产品性能的优越性，用这种手法支持自己的报价。美国人不动声色，旁敲侧击地提出问题："贵国生产此种产品的公司有几家？贵国产品优于德国和法国的依据是什么？"

用提问来点破对方，说明美国人已知道产品的生产情况，日本国内有几家公司生产，其他国家的厂商也有同类产品，美国人有充分的选择权。

日方主谈人充分领会了美国人提问的含意，故意问他的助手："我们公司的报价是什么时候定的？"这位助手也是谈判的老手，极善于配合，于是不假思索地回答："是以前定的。"主谈人笑着说："时间太久了，不知道价格有没有变动，只好回去请示总经理了。"

美国人也知道此轮谈判不会有结果，宣布休会，给对方以让步的余地。最后，日本人认为美国人是有备无患，在这种情势下，为了早日做成生意，不得不做出退让。

美国人谈判成功，就在于他们事先做足了准备，摸清了国际行情。当日本人试探性地想用高价操纵美国人时，美国人并不直接砍价，而是旁敲侧击地告诉对方，日本国内还有其他几家公司有同类产品，所以，你报出高价也没有用。

可见，在谈判中避免被对方操纵其实并不难，只需要像美国人一样提前准备充分即可。

优秀的军事将帅都能把握一个原则，"不打无把握之战"。岳飞大破"拐子马"，就是其中的经典战例。

公元1140年，岳飞率领骑兵驻扎在河南郾城，抗击金兀术的军队。当时，金军的骑兵主力都是重铠甲，用熟牛皮将每三匹马联结在一起，称作"拐子马"。"拐子马"有强大的冲击力和良好的保护能力，在交战中，宋军常常被"拐子马"冲得七零八落，一筹莫展。这次金兀术出动了一万五千名骑兵进攻。岳飞摸清了金军的装备和作战特点，总结以往宋军失利的教训，改进了作战方式，进行了一系列准备工作，他让士兵们带上麻绳大刀，冲入敌阵后，不要往马上看，只管用绳索绊住对方的马腿，用大刀砍对方的马蹄。因为"拐子马"一旦被绊倒或砍伤一匹，其余两匹也就失去了作用。而且，前面的"拐子马"倒了，后面的"拐子马"冲上来，人马互相践踏，定会乱作一团。战斗开始后，岳家军奋力前进，一仗下来，岳家军大胜，金兀术经营多年的"撒手锏"被毁于一旦。

岳飞大破"拐子马"，正是由于在指挥中避免了盲目性和主观随意性，在熟知敌我双方各方面的情况下，总结出了行动的规律，使指挥完全符合客观实际。只有在这种正确的指挥条件下，才能真正做到"知彼知己，百战不殆"。

另一位民族英雄戚继光，在抗击倭寇的战争中，也表现出一位优秀将帅"料敌如神"的素养。

明世宗的时候，"倭寇"骚扰我国东南沿海，他们烧杀抢掠，闹得沿海不得安宁。朝廷派戚继光到浙江剿灭倭寇。戚继光根据南方沼泽地区的天气、地形特点和倭寇的作战规律，制定了战略，研究了阵法，亲自教兵士使用各种武器。过了几年，倭寇袭击台州（今浙江临海）一带，戚继光率领"戚家军"赶到台州，和倭寇交锋了9次，戚家军大获全胜。第二年，倭寇又到福建沿海骚扰，朝廷派戚继光救援。戚继光没有立即进攻，而是首先搞清楚敌人的巢穴所在——横屿岛。在调查了横屿岛的地形后，悄悄地偷袭倭寇大营。经过一场激烈战斗，盘踞在岛上的两千多个倭寇全部被歼灭。

在抗倭之战中，戚继光利用对天象、地形和倭寇活动规律的熟悉，屡战屡胜，成为著名的抗倭英雄。

从两位战功彪炳的民族英雄身上，我们可以总结出一条规律：要做到"料敌如神"，必须进行细致的观察和思考。有条件的话，可以直接观察敌人的动向，以判断他们的行动目标。但是，有时我们不能直接观察到对方的行动，这时就需要了解对方有可能接触到的一些事物，尤其是与之直接发生作用的事物。如此一来，这些事物就会如同一面镜子，将对手的状态或动向真实地折射出来。

4. 适当赞美，有益无害

《论语》记载，有一天，卫国大夫棘子成对孔子的学生子贡说："君子只要有好的本质就够了，为什么还要注意自己的语言呢？"子贡说："您这样说是不对的。俗话说：'一言既出，驷马难追。'我们说话的时候应该特别注意。就像虎豹的皮和犬羊的皮，它们的区别既在于本质，也在于花纹，如果把这两类兽皮上的毛拔去，那么两者看起来就差不多了。"子贡的意思是说，说话要注意文采和修辞，因为人们对于自己说过的话，是要负起责任来的。棘子成听了连连点头，认为很有道理。

看问题当然首先要看实质，不能只看外表。但在实质的基础上，也要注意对语言的适当修饰。适当的修饰，有助于发挥积极作用。像墨子那样故意使自己的文章粗朴，显然过分。正所谓"言之无文，行而未远"。

做人做事有这样一条规则：判断别人时你自己也被别人判断。

一个经常说别人坏话，挑别人短处，指责别人错误的人，只会让人感到其爱挑剔而难以与之相处，让人感到其品质恶劣而对其厌烦。如果你总是认为这个也不好，那个也不行，人人都有问题，那么只能说明你自己不善于与人相处，自己有问题。别人正是通过你对别人的判断，来判断你的为人。

喜欢听好话似乎是人的一种天性。当来自社会、他人的赞美使其自尊心、荣誉感得到满足时，人们便会情不自禁地感到愉悦和鼓舞，并对说话者产生亲切感，这时彼此之间的心理距离就会因一句好话而缩短、靠近，自然也就为交际的成功创造了必要的条件。

你会说，"那是因为上面两个故事里当事人刚好在场。"其实，我们在背后说的他人的好话，是很容易就会传到对方耳朵里去的，而且远比当面恭维别人说好话的效果好得多。

假如我们当着上司和同事的面说上司的好话，同事们会说我们是在讨好上司，拍上司的马屁，从而容易招来周围同事的轻蔑。另外，这种正面的歌功颂德所产生的效果很小，甚至还会适得其反。同时，上司脸上可能也挂不住，没准还会认为你不真诚。

与其如此，还不如在上司不在场时，大力地"吹捧一番"。有一位员工与同事们闲谈时，随意说了上司几句好话："刘经理这人真不错，处事比较公正，对我的帮助很大，能够为这样的人做事，真是一种幸运。"

这几句话很快就传到了刘经理的耳朵里。刘经理心里不由得有些欣慰和感激。而那位员工的形象，也在刘经理心里提升了。就连那些"传播者"在传达时，也忍不住对那位员工夸赞一番：这个人心胸开阔，人格高尚，难得。

在背后赞扬别人，能极大地表现说话者的"胸怀"和"诚实"，有事半功倍之效。

背后赞美，最好力争是"第一次发现"，你所发现的对方的特色、潜能、优势最好是别人谁也没有发现，甚至连他自己也没有发现的内容。这样你的赞扬会更容易流传出去，而且也会令当事人恍然大悟，瞬间即增强自信，从而对你产生好感。

背后赞美也要与对方的内心好恶相吻合，他自己认为是缺点，内心极为厌恶，或者别的人也不觉得这是怎么值得赞美的，但却被你背后夸奖吹捧，结果传到他耳朵里的时候，往往变成了故意讽刺，那你的赞美就适得其反。这也不能怪人家，谁叫你说得这么离谱，让听到的人都觉得不真诚，更别提当事人了。

所以，一定要寻找对方最希望被赞美的内容，各人有各人优越的地方，也有各自的软肋，他们固然盼望得到别人公正的评价，但在自己的软肋处却尤其不喜欢受到人家的恭维。

如果怕说错话，不如来个"背后的背后"，可以引用他人的评价，对当事人加以赞美，"你知道吗？我听我爸爸说过，这人是一位有名望的作家……""我不认识这位企业家，但是我的老朋友经常夸奖他，我相信朋友的眼光不会错，所以我很想认识他……"

注意，被引用的人要是你的朋友、亲人，或者是有名望的人。这样虽然费劲一点，但是证明你对当事人的成就、声誉是费了功夫打听的，对方不仅会欣然接受你的赞美，还会觉得你是个真诚的人，对你开拓人脉，寻找贵人也不无好处。

5. 委婉曲折的话语，更容易打动对方

鬼谷子讲："感动而不知其变者，乃且错其人勿与语，而更问其所亲，知其所安。夫情变于内者，形见于外。故常必以其见者，而知其隐者。"鬼谷子认为，当一个人喜怒不形于色，煽情的方法对他根本不起作用的时候，要从侧面了解他的好恶，然后再根据实际情况实施策略。其实，人生在世有许多身不由己之时，在很多场合、很多情况下我们不能畅所欲言，不能实话实说。这时要注意学会另辟蹊径，要摆出客观存在的相类似的另一件事实，让对方有所思，做出选择，这样比直接陈述自己的观点更容易让人接受。

语言是一块琥珀，好的说话艺术就好比是一场精彩的球赛。那强有力的扣杀或一脚直射固然壮美，而声东击西、曲线射门更让人觉得妙不可言。有时，委婉曲折的话语更容易打开对方的心扉。

一个寒冷的冬日，纽约一条繁华的大街上，一个胸前挂着"自幼失明"的可怜人向一位诗人乞讨，诗人说："我也很穷，不过我给你写句话吧。"

说完，诗人就在乞丐的牌子上写道："春天就要到了，可我不能看见它。"这句话委婉地表达了失明者的悲惨遭遇，具有丰富的内涵，很容易引起人们的联想和同情。从那天起，很多经过乞丐身旁的人都纷纷向他慷慨施舍。

可见，委婉措辞、旁敲侧击有时比直言不讳有更强的感染力。

曹操很欣赏曹植的才华，因此想废了曹丕转立曹植为太子。当曹操为此征求贾诩的意见时，贾诩却一声不吭。曹操就很奇怪地问道："贾诩，我问你意见，你为什么不说话？"贾诩说："我正在想一件事呢！"曹操问："你在想什么事呢？"贾诩答："我正在想袁绍、刘表废长立幼招致灾祸的事。"曹操听后哈哈大笑，立刻明白了贾诩的言外之意，于是不再提废曹丕的事了。

心理学家调查分析发现，人们对直接批评的接受率是百分之二十，而对间接批评的接受率却高达百分之八十。人人都有自尊，也有自知之明，有些事情如果从正面谈起就会发生摩擦，但如果采取迂回的方式，既保留了对方的自尊，又容易让人接受，我们何乐而不为呢？尤其是古代帝王，他们自称是代天行事，所以很少有帝王能像唐太宗李世民那样听得进逆耳忠言。所以，碰到那些多狐疑、多猜忌、多暴虐、多恣意的帝王，做臣下的就不能强说强谏，而应该采用迂回曲折的方式表达出自己的意见，使帝王有所感悟，进而有所悔改和转变。

春秋时期的齐景公放荡无度，很喜欢玩鸟，于是他派烛邹专门替他养鸟。一天，烛邹不小心把鸟给弄丢了，齐景公大怒，要杀死烛邹。晏子闻讯，十分着急，他想救烛邹，但又怕劝谏会引起齐景公的反感，反而害了烛邹，晏子决定正话反说。于是，晏子拜见齐景公说："我听说大王要杀烛邹，我觉得烛邹确实该杀，烛邹有三大罪状：第一，烛邹不能恪尽职守，居然弄丢了大王最喜爱的鸟；第二，因为烛邹弄丢了鸟，使得大王不得不为了几只鸟儿杀人；第三，因为烛邹弄丢鸟而被大王杀掉，使得别国诸侯都知道我王重鸟轻人，滥杀无辜，烛邹真是罪大恶极，死有余辜。"齐景公一听，马上转怒为愧说："不杀烛邹，晏子我听懂你的教诲了。"晏子本意是责备齐景公轻人重鸟，滥用刑罚，他巧妙地正话反说收到了预期的效果，救回了烛邹的性命。

"不识庐山真面目，只缘身在此山中。"当局者迷，旁观者清。有时候处在事情中的人，常常意识不到事情的发展，借物说事，侧面点拨，也不失为提醒对方的一个好方法。

佛印和尚和北宋大文豪苏东坡之间的逸闻趣事历来为人们所津津乐道。一日中午，苏东坡去拜访佛印。佛印正忙着做菜，刚把煮好的鱼端上桌，就听到小和尚禀报：东坡居士来访。佛印不想让苏轼分吃自己的鱼，情急生智，把鱼扣在一口磬中，便急忙出门迎接客人。两人同至禅房喝茶，苏东坡喝茶时，闻到阵阵鱼香，又见到桌上反扣的磬，便心中有数。因为磬是和尚做佛事用的一种打击乐器，平日都是口朝上的，今日反扣着，必有蹊跷。佛印说："居士今日光临，不知有何见教？"苏东坡有意开老和尚玩笑，装着一本正经的样子说："在下今日遇到一难题，特来向长老请教。"佛印连忙双手合十说："阿弥陀佛，岂敢，岂敢。"苏东坡笑了笑说："今日友人出了一对联，上联是：向阳门第春常在。在下一时对不出下联，望长老赐教。"佛印不知是计，脱口而出："居士才高八斗，学富五车，今日怎么这么健忘啊，这是一副老对联呀，下联是：积善人家庆有余。"苏东坡不由得哈哈大笑："既然长老明示磬（庆）里有鱼（余），就请让我来大饱口福吧！"佛印无奈，只好拿出了藏在磬里的鱼给自己的老友分享。

语言的真正作用与其说是表达我们的需求，不如说是掩饰我们的需求，旁敲侧击正是为了发挥语言的暗示作用。

没有一个人是一无所能的，也没有人是万能的。一个人不可能把所有的才能都集中在自己身上。知道事物应该是什么样，说明你是聪明的人；知道事物实际上是什么样，说明你是有经验的人；知道怎样使事物变得更好，说明你是有才能的人。知道如何利用他人的智慧，即鬼谷子所讲的："感动而不知其变者，乃且错其人勿与语，而更问其所亲，知其所安。夫情变于内者，形见于外。故常必以其见者，而知其隐者。"证明你是能获得成功的人。

6. 以情动人出"软招"

鬼谷子讲："揣情者，必以其甚喜之时，往而极其欲也，其有欲也，不能隐其情。必以其甚惧之时，往而极其恶也，其有恶也，不能隐其情，情欲必失其变。"

感情是一柄双刃剑，它既可以使最精明的人变成傻子，也可以使最愚蠢的傻瓜变得精明，它既可以成为点燃才智、引爆潜力的火把，又可以成为自焚的火焰。情感可以抵达人最敏感的地方——心灵，可以使人如痴如醉，可以使人奋不顾身……用情感笼络人心是一条直达人心的治人大道，是经过实践检验过的攻心绝招。

有这样一则小寓言：库房里有一把坚固的门锁，粗大的铁棒自以为有办法，一定会弄开这把锁，但不管它用多大力气，或砸、或撬，这把锁都纹丝不动。钢锯看不过去，接着上场，但是任凭它左锯右拉，门锁依然没有被打开。这时，一把毫不起眼的钥匙悄悄出现了，钥匙的身体扁平弯曲，一副弱不禁风的样子。但当它钻进锁眼时，那把坚固的门锁一下就开了。"你是怎么做到的？"铁棒和钢锯不解地问道。"因为我最懂它的心。"钥匙轻柔地答道。

情感，是在认识事物的基础上产生的心理状态，是人对客观事物是否达到自己期望值的态度体验。煽情，就是想方设法煽动人们的情绪，调动人们的情感神经，从而使对方达到兴奋点，解除警戒。煽情必先有真情，强人所难的煽情，如同抽去了"精气神"的演员，"身法步"再惟妙惟肖，也引不起观众的兴致。有真诚才能有真情。凡事皆应循自然之理，方能水到渠成，果红自落，自臻美妙。反之，"牛不喝水强按头"，只会事与愿违，适得其反。

人定有好恶，有欲望，知道对方喜好，极力渲染气氛、煽动对方情感，则对方就会因为抑制不住感情而倾吐真言，从而我们就能了解对方实情，对症下药，达到自己的目的。

市场竞争说到底是智慧的竞争，谁能突破传统思维，独具匠心，另辟蹊径，施展绝招，谁就能"克敌制胜"，叱咤风云。这一点，已经被世界上大多数的商业寡头、银行巨子所印证。用"煽情"，以情动人的"软招"，不战而"屈人之兵"的商业手法，更是历来为人们所称道。

在生活节奏日益加快的现代社会里，人们因过多地忙于各自的工作而忽略了情感方面的需求。事实上，正是在这样的情形下，人们更需要情感。爱情的甜蜜感、家庭的温馨感、事业的成就感、地位的荣誉感等，都将成为人们生活中不可缺少的一部分。而这种情感又往往容易从消费上体现出来，正是因为这样，感性诉求广告在现代社会得以诞生，广告商通过感性诉求广告引起消费者的某些体验，通过人们的感情过程来控制人们的消费行为，从而达到实现广告促销的目的。

广告设计中的情感体现是聪明的设计师时常把握的"金钥匙"。在竞争日益激烈、广告铺天盖地的当今社会里，感性诉求广告已经成为取悦消费者的一把利剑，只有在感性诉求广告中尽量减少商业味，把丝丝情感融入到无情的商业之中，才能被消费者所接受，才能获得更多的商业利润。

贝尔电话公司的电话总是以"情感沟通"为主题，以减轻思念远方亲人的寂寞感。这些广告以"家人团聚"为诉求，表现温暖的家庭气氛，恰似一个美好的梦，抚慰了人们寂寞的心灵，把他们重新带回健康的感情世界，因而受到了人们的欢迎。

日本的一则童鞋广告，朦胧的色彩中仅有一双纤细的母亲的手，小心翼翼地捧着一双胖胖的小脚，画面的右上角只有一个产品的标志，没有多余的文字，但把母亲的手比成童鞋，温暖地呵护着小宝贝的双脚。将母爱寓于画面之中，每个疼爱孩子的母亲都会被打动。设计师正是利用这种人类的亲情关系，零距离地与消费者沟通，达到了广告创意的目的。

今天更是一个人人都可以煽情的年代。作家煽情可以提高知名度，扩大作品的销量；明星煽情如同作秀，社会功效不言而喻；政治家煽情更是为国为民。人人都希望自己能成为大众之首，起到带头领先作用，所以人们需要煽情。

人抛弃理智就要受感情的支配，脆弱的感情泛滥不可收拾，就像一只船不小心驶入了深海，找不到停泊处。感情和气味是这么一种东西，它们犹如光之于太阳，音乐之于风。感情有着极大的鼓舞力量，它是一切道德行为的重要前提，谁要是没有强烈的志向，也就不能够热烈地把这个志向体现于事业中。感情虽然难以控制，但却是一种强大的动力，感情始终是具有说服力的演说家。煽情可以为平淡无奇的生活带来一丝乐趣，就像在可乐里撒了一把盐，甜甜咸咸的。

7. 寻找共同点，"黏"住对方

友谊是培养感情的学校，"山河不足重，重在遇知己。"假如你希望别人同意并接受你的观点，那就要学会寻找共同点，引起对方的共鸣，这样别人才会向你敞开交往的大门。

一个人的成功，在一定程度上离不开良好的人际关系。相同的声音，相同的追求就如同是灵魂的神秘胶漆、生活的甜料、社会性的连接物，只有找到与他人的共同之处，才会有继续交往下去的可能。

宋哲宗时，苏轼出任杭州太守，有一天，税务官送来了一名逃税的人，交给苏轼处理。苏轼一问，才知道此人叫吴味道，是剑南州的乡贡生。它将两大包东西冒充苏轼的名字，假说是运到京城给侍郎苏辙的。苏轼一问方知，吴味道被推举参加今年秋天的礼部考试，临行前乡亲们送些盘缠，他购得二百匹建阳纱，如果交税，到京城就剩不到一半了。因为听说学士兄弟俩喜欢读书、名气大，所以吴味道就假冒苏轼之名。苏轼听后很同情他，于是撕去了旧封条，换上自己的真实签名，又给了他一封写给弟弟苏辙的亲笔信，使得吴味道免交了赋税，保住了盘缠。吴味道正是利用了苏轼是读书人，喜欢、尊重读书人的特点，才得到了苏轼的帮助。

寻找相似点也就是指在与人接触时，强调观念、立场上的一致性，从而拉近两个人的心理距离。两千多年前的耶稣曾经说过："尽快同意反对你的人。"在交谈过程中，我们都有一种共同的看法：同意我们的立场和见解的人，表示他重视我们的价值并尊重我们；反对我们的见解和立场的，往往会使人感到自己的自尊心受到了伤害。所以，当你表示赞同对方时，就比较容易获得对方对你的好感。

1985年，美苏冷战时期，两大对立阵营的领袖里根同戈尔巴乔夫在日内瓦第一次会面。一开场，里根就半开玩笑地对戈尔巴乔夫说："我们两个都生长于小城镇。"就是这一句话，拉近了他们之间的关系，冲淡了两个人之间在种种重大原则上的对立情绪。

寻找共同点作为话题，可"黏"住对方。物以类聚，人以群分。每个人的社交圈实际上都是以自己为圆点，以共同点（年龄、爱好、经历、知识层次等）为半径构成无数的同心圆。共同点越多，圆与圆之间交叉的面积就越大，共同语言也越多，也最容易引起对方的共鸣。

同陌生人交谈是口语交际中的一大难关，处理得好，可以一见如故，相见恨晚；处理得不好，又能导致四目相对，局促无言。一个人的心理状态、精神追求、生活爱好等，都或多或少地会在他们的表情、服饰、谈吐、举止等方面有所表现，只要善于观察，就会发现共同点。两陌生人对话，为了打破沉默的局面，需开口讲话，有人以打招呼开场，询问对方籍贯、身份，从中获取信息；有人通过听说话口音、言辞，了解对方情况；有的以动作开场，边帮对方做某些急需帮助的事，边以话试探；有的甚至可以通过借火吸烟，发现对方的特点。

发现共同点是不太难，但这只能是谈话的初级阶段需要。随着交谈内容的深入，共同点会越来越多。为了使交谈更有益于对方，必须一步步地挖掘深一层的共同点，才能如愿以偿。譬如面临的共同的生活环境、共同的工作任务、共同的行路方向、共同的生活习惯，只要仔细观察，面对陌生人无话可讲的局面是不难打破的。

求相似之处，在语言运用上有一个基本原则，就是多说"是"，少说"不"。一旦说出"不"字，交往的大门也就关闭了。当你与对方意见相左，但是希望对方改变时，要避免用"你"而应当恰当地将"你"变成

"我"。为避免引起心理上的对立，不要用"你"来指责对方的错误，而要谈论"我"对这件事的感受，这样有利于改变对方态度，解决问题。希望别人采纳自己意见时，尽量避免说"我"，而应用"我们"字样，会使对方感觉你是在替他着想，你的主意和要求是和大家一致的，从而有助于取得立场的一致，顺利地解决问题。万一你非要表达你不同的意见，表示反对时，要注意表达的方式。你可以在提出与对方相同的看法后，把自己不赞成的内容也加进去。一旦找出同意点，对方对你所提的反对意见也是乐于接受的。比如，在别人说了一个观点后，你可以回答"我也是""我赞成你这么说""我也是这么认为的""看来，我们有许多相似之处"，等等。

一台机器如果不加油一定会运转不畅，甚至发生故障，至少是会发出刺耳的机械摩擦声。反之，加进了润滑油，它就会很畅快地工作了。人际交往也是这样，各抒己见，自立门户，是可以形成百花齐放、百家争鸣的场景的。但是，这样就很难形成一种凝聚力。行为学家发现，百分之七十五的人和他人截然不同，这说明每个人都是少数派。然而，虽然他们言谈举止与你有着千差万别，但他们都对你一生的成功至关重要。富兰克林说："如果你老是争辩、反驳，也许偶尔能获胜，但那只是空洞的胜利，因为你永远得不到对方的好感。"

设法满足对方的心理欲求，能使你轻易获胜；瓦解对方的心理防线，也能使你轻易获胜。人与人之间，都会在兴趣爱好方面存在共同点，尽快找到双方的共同点，探讨一些适当的话题，是加强与人们沟通最有效的方法。沟通就是为了寻找共同点，能够合作的双方，多少都有一些共同的地方，这是合作的基础。善于寻找沟通对象和自己的共同点，是沟通技巧之一。

8. 目视、耳听、心思三者紧密结合

鬼谷子认为，一个优秀的雄辩家，不单逞"口舌之辩"，而是将目视、耳听、心思三者结合起来，力争做到有理有据，从而在处事和论辩中无往不胜。

春秋时候，郑国的执政子产以贤能著称。一天，他出门巡视，走到一户门前，听到妇人的哭声，就问怎么回事。仆从告诉他，这家刚死了男主人。子产略加思索，就派人去捉拿那妇人审问，这才知道，原来是她杀死了自己的丈夫。后来，仆人问他："先生怎么知道她是杀夫者？"子产说："她的哭声中隐含着恐惧。所有人对于自己的亲人，病的时候是爱护，临要死的时候会感到恐惧，已经死了的话就会哀伤。现在她是哭已经死了的人，不是哀伤却是恐惧，那么我就知道她心怀鬼胎了。"

鬼谷子说："耳目者，心之佐助也。"其实是说要注意观察，积累经验，并在此基础上进行分析和判断。但是，在某些特殊情况下，自己亲眼所见的事实也不一定可靠，还要依赖于对人和事的正确判断。

春秋时期，孔子带着弟子周游列国，走到陈国和蔡国之间的时候，穷困不堪，连野菜汤也喝不上，七天没有吃到一粒粮食。颜回找到一点米，把它放在甑里煮。饭快熟了，孔子看见颜回抓甑里的饭吃。过了一会儿，饭熟了，颜回请孔子吃饭。孔子心里不痛快，想要谴责颜回一番。但他不动声色，站起来说："刚才我梦见祖先，要我把最干净的饭食送给他们。"颜回忙说："刚才有灰尘掉进甑里，把饭弄脏了，我感到丢掉不好，就用手把它抓起来吃了。"孔子听了感慨地说："我所相信的是自己的眼睛，但眼睛看到的还是不可相信；我所依靠的是自己的脑子，但脑子有时也靠不住。你们要记住，了解一个人确实不容易呀！"

在日常生活中，不要轻易用自己"亲眼所见"来妄下结论。孔子可谓是大智者，但他仅凭经验断事也会弄错。

有的时候，耳目并不一定指身体器官，而是指获取信息的渠道。在古今中外的政治、军事斗争中，间谍都发挥着重要的作用，就如统帅的耳目一般。

春秋时期的一天，魏公子信陵君正在和魏王下棋，突然北方传来报警的烽火，说是赵国出兵侵犯魏国。魏王惊慌失措，信陵君却安慰魏王，说不定是赵王打猎而已。过了一会儿，果然从北方传来消息说："方才是赵王打猎。"魏王问信陵君为什么知道赵王的行踪，信陵君回答："我的门客探听的。"原来，信陵君养了许多门客，充当各种间谍，早已打入赵国统帅内部，赵王一有动静，门客就马上想办法向信陵君报告了。此外，信陵君还采取各种手段，收买各国的间谍，因此他对天下的情况可谓是了如指掌。

在细心观察的基础上进行分析，是澄清事实的必要步骤。比如林肯为一桩谋杀案件辩护的故事，正是如此。

林肯当律师时，他一个朋友的儿子小阿姆斯特朗被控谋财害命，已初步判定有罪。林肯以辩护律师的身份，到法院查阅案卷。他发现，全案的关键在于原告有一位证人福尔逊，他发誓说他在10月18日的月光下，目击了小阿姆斯特朗用枪击毙死者的经过。林肯做了仔细的分析后，要求复审此案。在复审中，有以下一段精彩的对话。

林肯：你发誓说看清了小阿姆斯特朗？

福尔逊：是的。

林肯：你在草堆后，小阿姆斯特朗在大树下，双方相距二三十米，你能认清吗？

福尔逊：月光很亮，所以看得非常清楚。

林肯：你不是根据衣着认出他来的吗？

福尔逊：不是，我确实借着月光看清了他的脸。

林肯：你肯定时间是在11点吗？

福尔逊：肯定，因为我回屋看了钟，那时是11点15分。

林肯问到这里，转过身来，发表了一席令人震惊的话："我不得不告诉大家，这个证人是一个彻头彻尾的骗子。他一口咬定10月18日晚上11点在月光下看清了被告的脸。请大家想一想，10月18日那天正好是上弦月，晚上11点月亮已经下山，月光从何而来？退一步说，或许他时间记得不是很精确，稍有提前。但那时，月光是从西照向东，草堆在东，大树在西，如果被告的脸面对草堆，脸上是不可能有月光的！"作伪证的福尔逊顿时傻了眼。法庭上一阵沉默之后，迸发出一阵热烈的掌声和欢呼声。

细致的观察，透彻的分析，再加上如簧的巧舌，这是林肯成功的三大要素，也是我们努力追求的境界。

第十章

剑走偏锋，多姿多彩的成功策略

【译文】

因此，谋划国家大事的人，就应当缜密地权衡天下的形势；向君主游说时，就应当仔细地揣度君主的内心情感。谋略计策、考察情欲必然要用这种策略。懂得揣术的道理并加以运用，就可以富贵，也可以贫贱；可以权倾一时，也可以微不足道；可以获取利益，也可以招致祸害；可以成事，也可以坏事。一切均由自己决定和控制。

【本章提要】

这是一个风云激荡的时代，这是一个机会频生、奇迹迭出的时代，这是一个人人都渴望成功而且极有可能成功的时代。于是，就有了对成功之路的空前的追寻。

鬼谷子用大量事实告诉我们，真正的成功者不仅是"勤于思，敏于行"的人，而且还是深谙人生之"道"、事业之"道"的人。这个"道"，就是规律。成功没有固定的模式，但是成功有着很多相同的规律。

1. 顺势而为的"借力法"

"智者当借力而行。"春秋时期的管仲借老马识途走出困境；秦朝末年的陈胜、吴广假借鬼神起事；《三国演义》中诸葛亮善借火势，火烧博望坡，火烧赤壁，以雾借箭，借风，借水，借雪；刘备借雷声保全性命，借诸葛亮之力三分天下；曹操借粮官之头以安军心，借黄祖之手以除傲气凌人的祢衡，借天子之威以令诸侯……

大发明家爱迪生也说："要想成功必须利用别人的头脑。"借用他人之脑，就是借用他人的智慧。历代帝王都深谙"借脑生谋"的重要性。大凡贤明的君主都积极网罗人才，礼贤下士，手下谋士如云，并且都善于虚心听取谋士们的意见。周文王溪边起用姜太公，言听计从，建周代商；秦孝公任用商鞅变法富国强兵；秦惠文王任用张仪统领诸国；孟尝君广招天下贤士，门客三千，屡献奇计，化险为夷；汉高祖任贤授能，乌江边上逼死西楚霸王；唐太宗广纳贤才，爱才如命，创贞观之治；元世祖任人唯贤，不计辈分，使中国版图横跨几洲……

借"力"的力，含义非常广泛，可以指物质力量，也可以是精神力量，即人力、财力、物力等各种各样的力量我们都可以利用。

美国有一出版商甚至打起了总统的算盘。

该出版商将仓库中堆积如山、难以销售的图书通过一个朋友送给总统，总统看了几页后漫不经心地说："这本书不错。"出版商听到后，就用总统的这句话大做文章，打出广告说："一本让总统大为称赞的书。"于是这本书开始走俏，不到一个月就把积压的书都卖光了，甚至还脱销了。出版商尝到甜头后，又给总统寄了一本书。总统十分恼火出版商用自己做宣传，就不留情面地说："这本书糟透了！"出版商又利用总统的批语大做文章，他在广告中写道："一本总统认为糟透了的书。"马上，这本书又成了畅销书，出版商又大赚一笔。几个月以后，出版商又有一本滞销图书，他还是像以前一样，给总统寄了一本书过去。总统想：我说好也不是，说坏也不是，他总能利用我的话赚钱，这回我什么也不说，看他还能怎么办。没想到总统还是被出版商利用了，出版商在广告中写道："一本令总统难以评价的书。"结果这本书也立刻热销了起来。"魔高一尺，道高一丈。"出版商又巧妙地利用总统的特殊身份、特殊地位狠赚了一笔。

未来时代的竞争优势，已经慢慢地从有形的资源转移到无形的智能上。因此，谁能够充分地运用与开发自己及他人的智能，谁就是这个时代最大的赢家。

其实，生活就是这样，你自己的力量永远也比不上"你+小房产公司老板+有钱的富二代+事业单位工作的高中同学+一个相处友好的邻居"的力量，更比不上"你+稍有名气的新锐作家+富豪叔叔+教授姑妈+名主持人"的力量。有时候，人脉也像滚雪球一样，从这些朋友身上，你能获得无穷的力量。

有人可能会说，"借"的确是一个"四两拨千斤"的好方法，但自己究竟能"借"什么，又怎样"借"才能有效果，却又是现实中必然会遇到的难题。

"给我一个支点，我可以撬动地球。"这是阿基米德的一句名言，而"借"的关键就是能够找到这个支点所在。

这个"支点"就是"借"的契合点，它是你急需的，却又是对方所独具的。所以"借"绝对不是简单的依赖和等待，而是一场有准备的战斗，是用巧妙的智慧换取财富。从这一点来说，你首先要对自己有充分的了解，你的强项是什么，怎样的"外援"会对你有帮助。接下来在对市场充分了解的基础上，你就可以锁定自己的靠山，然后通过有效的"嫁接"，真正达到

"借"的目的。所以"借"是主动的，它是你根据实际需要做出的选择。

第一是借"智力"，或者说是"思路""经验"，比如有些投资大师有不少好的经验，这都是他们总结多年的成功与失败得出的制胜法宝，它们显然可以让我们的投资少走许多弯路。

第二是借"人力"，这就是所谓的人气，一个品牌、一处经营场所，甚至是一位名人，其周边可能聚集了不少类别分明的人，如果能把自己生意的目标消费群与之结合起来，其结果可能就是投入不大而利润大。

第三是借"潜力"，良好的社会经济发展前景的诱惑无疑是巨大的，它也会给我们的投资带来有效的增值空间，像大城市的建设规划以及中小城市的发展计划等，都是值得我们关注的焦点。

第四是借"财力"，有些投资者或企业可能会遇到资金捉襟见肘的情况，那么充分利用银行或投资基金的财务杠杆，无疑会让你解决许多"燃眉之急"。

第五是借"权力"，乍一听这个词似乎挺吓人的，但其实它所指的就是政策，"借"上好的政策同样也会使你赢得发展的契机，靠政策致富的案例早已屡见不鲜了。

但在这里需要说明的是，"借"与盲目跟风有着本质的区别，"借"是一项高技术含量的工作，通过了解、准备、研究、比较和选择等多个步骤才能获得成功，而如果随意地跟风模仿，反而会给你带来不小的风险。有些投资者不考虑周围环境和自身的情况，不看实际效果是否有效，不看时机是否成熟，不看条件是否具备，生搬硬套，盲目地跟着别人走，这显然是与"借"的本意相违背的。

"好风凭借力，送我上青云。"人自身的能力是有限的，而可以凭借的外部力量却无穷无尽，要想成功必须善于借助外部力量。如同美国百货业巨子约翰·华那卡总结的成功策划方程式那样：成功的策划=他人的金钱+他人的头脑。越是知借、敢借、爱借、会借、善借的人，越能够获得成功。

2. 声东击西的 "对垒术"

鬼谷子讲："圣人谋之于阴，故曰神；成之于阳，故曰明。"圣智之人做事，靠的是足智多谋，在暗地里把一切策划好、预料到，让别人按照自己的谋略去做事，甚至中了自己的圈套还茫然不知。

谋之于阴，成之于阳，声东而击西是迷惑对手的良方。声东击西，是忽东忽西，即打即离，制造假象，引诱敌人做出错误判断，然后乘机歼敌的策略。为使敌方的指挥发生混乱，必须采用灵活机动的行动，本不打算进攻甲地，却佯装进攻；本来决定进攻乙地，却不显出任何进攻的迹象。似可为而不为，似不可为而为之，敌方就无法推知我方意图，从而被假象迷惑，做出错误判断。

"突破一点，带动全面，寸土之上可以建天堂。"声东击西所要达到的目的就是迷惑敌人，隐藏实力，从而出其不意地攻击敌人的死穴，使敌方全面崩溃。在临场战斗中，声东击西计实施的关键，必须看对手的意志是否混乱从而决定自己的行动。若敌方已经混乱，我方就能够获胜；若敌方没有混乱，而我方又强行行动，就会自取败亡。所以声东击西计是一个险策。在实施这个计谋的时候，临场的判断是极为重要的，一旦被对方所迷惑，就极有可能落入对方的圈套中，造成本方全军覆灭的灾难性后果。比如黄巾军中了李隽佯攻西南方之计，遂丢失宛城；西汉七国之乱时，周亚夫与吴王军作战，吴王军佯攻东南角，周亚夫处变不惊，识破对方计谋，知道对方意在攻取西北角，于是下令加强西北方向的防守。当吴王军主力进攻西北角时，周亚夫早有准备，吴王军无功而返。由于实施此计具有一定的风险，所以在实战中要注意观察对方是否被我方调动，是否不能自我控制。当对方没有在我方想要其处于的位置时，要调动敌方；当对方正好在我方想要其处在的位置时，要稳住对方，然后才可以声东而击西。

弱者与强者对垒时，最常用的战术就是"声东击西"。强者喜欢打阵地战，硬弓硬马，列阵而战。而弱者因为步伐灵活，在运动中寻觅战机，常常能够以弱胜强。"四渡赤水"就是中国军事史上的典范之作。这一战术用之于商场，又该如何操作呢？

每个人在选购产品时都希望有多种选择的机会，比较后做出正确的决定。基于客户这种比较的心态，销售方首先要给对方选择的余地，然后再声东击西，旁敲侧击，让对方最后做出符合自己意愿的决定。

有一位营销员，推销的是某品牌的红酒。在向顾客推销时，他通常会遵循一定的顺序，由高档到中档，最后到低档。介绍完高档红酒时，他会说："这是咱们公司的顶级红酒，贴有传统的古典酒标，挺有贵气。"介绍中档红酒时，他会说："这是第二等级的红酒，也相当不错，清新怡人。"然后，他向顾客劝说："我觉得你应该买这款——顶级的红酒……"顾客一听，常常会说："太贵了，我还是买别的吧。"结果，大多数的顾客都会选择中档的红酒。这时候，这位营销员又会说："你真有眼光，这是最聪明的选择，要知道，这款性价比是最高的。"顾客一听，感觉很满意，掏钱也爽快了。

其实，该营销员一开始最想推销的就是中档红酒。那么，他为什么不力荐中档红酒呢？因为他了解顾客的心理。任何一位顾客在买东西时，对营销员或多或少都会有一些戒备心。顾客总是担心，他推销的产品一定是利润最高的，或者卖不动的，因此，往往会出现这样的状况：营销员推荐什么，顾客偏偏不买什么。

这位红酒营销员恰恰懂得顾客的这一心理特点，于是他反其道而行之，虽然一开始就决定好了推荐目标，却不露声色，甚至反而推荐顾客可能不会选择的商品。结果，顾客中了计，选择了营销员最想推销的那一款，还自鸣得意地认为："这东西没问题，是我自己决定的"或"营销员都不得不承认我有眼光，看来我真是选对了。"

对营销人员来说，这种策略算是一箭双雕，既能推销出自己的目标商品，又能让顾客满意。那么，为了消除顾客的戒备心理，在推荐商品的顺序方面，是不是有一定的规则呢？根据大多数推销人员的经验，介绍商品时应该遵守一定的价格顺序，但也不是所有的商品都要遵循同样的顺序。比如，耐久性的消费品与不强调耐久性的消费品相比，就有所不同。要介绍耐久性的消费品，比如家具或电器等，应采用从低价格开始逐渐到高价格的产品展示法。介绍日用品、化妆品等对耐久性要求不高的消费品，则应采用从高价格开始逐渐到低价格的产品展示法。

一般人选择耐久性的消费品时，最看重的是产品的性能与品质，因此，一般舍得在这些商品上花钱，喜欢买贵的。因此，从低价格开始逐渐到高价格的产品展示法容易消除顾客的戒心，同时，自行做出购买决定也会让顾客有极强的满足感。

有一位床垫推销员就是采用这种策略，提高推销成功率的。她先让顾客看最便宜的床垫，然后说："这是比较差的一种。"当然，顾客通常会表示拒绝。一般的顾客买床垫，都希望能用上十年八年，他们宁可多花点钱买更好的，也不愿买个虽便宜但不耐用的。不过，听她这么一推荐，顾客心想："这营销员还不错，不是光给我推荐贵的。"于是，防范心理就没了。

这时候，她再让顾客看价格较高的一款，介绍说："如果选用这种床垫，可以保用20年。虽然价格贵一点，但是经久耐用，所以算起来还是很合适的。"顾客点点头。然后，她再让顾客看价格最高的一款，介绍说："这是最贵的，做工精细，用30年都没有问题。"结果，顾客选择了中档价格的床垫，而这款，恰恰是营销员原本想推荐的。

智者得意扬扬地把对手限定在适合自己发展的范围内，就像河流与山脉限定着国家的疆界。不超越守旧的模式，创新就将窒息在襁褓中。与人交手时，要适时变通。"声东击西"的目的在于转移敌人目标，使其疏于防范，然后出其不意，攻其不备。无论对任何一件事，为了要消除当前人为阻力，减少本身损失，一定要设法分散对方力量，松懈其意志；或制造谣言，混淆视听，增加对方顾虑；或故布疑阵，使对方力量分散，削弱其防卫。但自己本身的企图和行动却要绝对秘密，要时刻将主动权掌握在自己手里。

3. 环环相扣的 "连环计"

鬼谷子讲："其不可善者，或先征之，而后重累，或先重累，而后毁之；或以重累为毁，或以毁为重累。"用计重在有效果，一计不成，又出多计助之，行计应重实施，运作巧妙必定能防止损失，设谋要考虑不断变化。

"连环计"，顾名思义，是一种多步骤或多环节的计谋。少则两步骤或两环节，多则无定数，步步相接，环环相扣，如同长链环环相连。

赤壁之战中的火烧连环船之计就是由多人联合而成的一条计策。首先是庞统假意向曹操献计，将船用环连接在一起，以组成适合不懂水性的北方人的连环船阵，然后再由周瑜和黄盖演一场苦肉计，最后就得到了火烧连环船的结果。

连环计还要有一个非常好的引子，把对手引入到圈套中来，想出也出不去，这种引子一般都是针对人的某些弱点而设的，比如好色、贪财、嫉妒、热衷名利等。

三国王允杀董卓之计，首先用了美人计，以貂蝉做饵引起了董卓和吕布对貂蝉的爱慕之心，然后貂蝉又用离间计挑拨二人内讧，最后通过吕布除掉董卓。王允正是利用了董卓、吕布好色之心，为国除了害。

"连环计"的关键在于使敌"自累"，使敌"自累"之法就是让敌人背上包袱，互相牵制，即俗话说的"一根绳上拴两只蚂蚱，谁也跑不了"，也就是运用连环套的作用，为我方集中兵力、各个击破创造有利条件。如果敌方力量强大，就不要硬拼，要用计使其自相牵制，借以削弱敌方的战斗力。将帅能巧妙地运用计谋，克敌制胜就会像有天神相助一样。

连环计必须要有非常周密的策划，因为是一环扣一环的，所以任何一环出现失误，都会导致计划的失败。

在委内瑞拉的石油和航运业中，有一位知名度甚高的企业家，名叫拉菲尔·杜德拉。原先他只不过是一个普通的小商贩，但经过约20年的时间，他已成为一个拥有10亿美元以上资产的大富豪。

20世纪60年代中期，当时还是小商贩的杜德拉偶然在报刊上获悉阿根廷打算从国际市场上采购价值2000万美元的丁烷气。这则信息引起了杜德拉的注意，他开始采取侧面进攻的战术。杜德拉先对阿根廷市场做了深入的调查研究，结果发现那里的牛肉过剩，于是，他向阿根廷政府承诺说："如果你们向我购买2000万美元的丁烷气，我便向你们订购2000万美元的牛肉。"阿根廷政府觉得杜德拉的条件能解自己的燃眉之急，于是便做出决定，把采购丁烷气的投标机会给了他。杜德拉在四处调查和推销工作时，还发现西班牙有一家制造能力很强的大船厂，该厂由于缺少订单，致使工厂一直处于半停产状态。杜德拉认为这又是一个很好的机遇，他前往该国向政府有关部门表示："假如你们向我买2000万美元的牛肉，我便向你们的船厂订制一条价值2000万美元的超级油轮。"这一条件对于西班牙政府来说是求之不得的，因为西班牙平时也要进口牛肉。于是西班牙政府答应了杜德拉的条件。杜德拉在向西班牙推销牛肉的同时，也找到了美国的太阳石油公司，他对这家公司的老板说："如果你们肯出2000万美元租用我的一条超级油轮，我就向你们购买价值2000万美元的丁烷气。"太阳公司的决策者想，反正自己要租用油轮，现在他能买自己的产品，这条件是有利的，所以欣然接受了。就这样，这宗步步连环、一环扣一环的买卖终于做成了。杜德拉所做成的生意不是2000万美元，而是6000万美元。他在这宗巨额交易中，不但分文资本未出，反而从中获得了数百万美元的利润，这在商业史上也是罕见的。

杜德拉这种"一石三鸟"的手法是一种十分灵活而又严谨的经营活动。杜德拉正是利用这环环相扣、周密、有序的连环计创造了自己事业上的辉煌。

生活中，多一些计谋不是为了去算计别人，但它也确实能让我们在人生的舞台上游刃有余，应对自如。"连环计"应用极为广泛，无论是在战场上、商场上，还是在竞技场上，面对激烈的竞争，生与死的较量，以及人生的方方面面，都不失为取胜的高招。这种连环计在精心设置和连续执行时，将使你的竞争对手失去平衡，一败涂地。

4. 既 "飞" 又 "钳" 的施压术

鬼谷子认为，要想牢牢地控制住对方，就不但要善于"飞"之，而且还要善于"钳"之。因为只知道褒扬、赞赏对方，未必就能控制住对手，这时候就要再抑制一下对手，向对手施加一些压力。

比如下面这个事例，就充分地说明了这个道理。

赵奢在担任赵国的田部吏时，负责征收农田租税。可是，赵王的儿子平原君借着自己特殊的身份，不肯向国家纳税。这件事在赵国造成了很大的影响，大家都想看赵奢的热闹。如果赵奢办不好这件事，他的税官也就当不下去了。

赵奢派人把平原君家的管事找来，管事根本就不把赵奢放在眼里。他傲慢地说道："天下都是赵家的，平原君交不交税，你赵奢根本就管不了！""不错，天下是赵家的。但你知道交税的规定是谁制定的？"赵奢说话的声音并不高，但很有力量。"这还用问，当然是赵王制定的。"管事轻蔑地说。赵奢紧接着问："那你知道不交税有什么罪吗？"管事显得很不耐烦："不知道！不跟你废话了，我要走了。""抗拒国法，不交租税，该当何罪？"赵奢大声地问左右的幕僚。"杀！"幕僚们齐声回答。管事不以为然地说："你敢这样做吗？""有什么不敢！"说完，赵奢令刀斧手把管事推出去斩了。接着，平原君家的第二个管事也被叫到赵奢衙中，他依然拒绝交税，结果又被赵奢拉出去斩了。就这样，赵奢一连杀了平原君家9个管事。

消息传到平原君那里，平原君拍案而起，大骂赵奢，发誓一定要杀了他，以解心头之气。赵奢知道平原君要杀自己，赶忙来到平原君的府上，说："我这样做，完全是为了维护赵国的利益，其中也包括维护您平原君的前途。""你一连杀了我9个管事，这难道是为我好吗？"平原君恨恨地说道。

赵奢解释说："在赵国，您是地位很高的公子，如果我不依法办事，纵容这种不交税的行为，大家一定会争相效仿。要是这样的话，赵王制定的国法就没有威严了，国库也会渐渐空虚。这样就会使赵国处于不利的境地，必然会遭到其他国家的侵略。赵国轻则损兵割地，重则遭到覆灭。要是赵国完了，您平原君的一切不也就完了吗？相反，如果您能带头按国法交税，赵国上下都会令行禁止，国家就会强盛，赵国就会巩固。您平原君的一切利益，也就不会受到丝毫损害。权衡利弊，您打算怎么做呢？"

平原君听到这里，完全理解了赵奢的忠心，马上交齐了拖欠的税款，又把他推荐给赵王。赵王提拔赵奢担任管理国家赋税的职务。在赵奢的不断努力下，赵国的国库日渐充实，老百姓也过上了安定的日子。

鬼谷子觉得，这种既"飞"又"箝"的方法，如能用于诸侯各国，就能够与其建立密切的关系，达到合纵或连横的目的。若用于说服位高权重的人，也比较容易达到目的。

当你进行说教或演讲时，一定会有人提出不同的看法，甚至理直气壮地对你提出反对意见。此时，你千万不要立即毫不客气地反击对方，因为以这种正面交锋的语言策略来反击是不会有好结果的，反而会使双方闹僵，让自己失去风度，也下不了台。

因此，当你遇到这种情况时，必须先重视对方的问题，而且要让对方觉得他这个问题很严重，不能草率应答，一定要找时间来研究，用这种战术让对方受宠若惊，甚至感到事态不妙，自己也不好再坚持下去。如此一来，你不但保住了形象和风度，也让对方"知难而退"，这才是一个没有副作用的完美攻心策略。

美国有家生产乳制品的大工厂，某日来了一位怒气冲天的顾客，他不客气地对厂里的负责人说：

"先生，我在你们生产的乳制品中发现一只活苍蝇，我要求你们赔偿我的精神损失。"

之后这位顾客提出一个天文数字的赔偿数目。

在美国，像这种乳制品生产线的卫生管理是相当严格的，为了防止乳制品发生氧化反应而变质，每次都要将罐内所有的空气抽出，然后灌入一些无氧气体后再予以密封，在这种严苛条件下生产的乳制品，根本不可能会有活的苍蝇在里面。

由于事件关系到公司的商誉，这位工厂负责人不好立即揭穿那人的骗局，只是很有礼貌地请他到会客室里，那位顾客则是边走边破口大骂。

当这名顾客第三次提出抗议并要求赔偿时，负责人很有风度地为对方倒了杯水，然后慢条斯理地说：

"先生，看来真有你说的那么回事，这显然是我们的错误，你放心，你会得到合理的赔偿。由于这个问题事关重大，我们绝对不会忽视，这样吧，你稍等一下，我马上命令关闭所有的机器，以查清错误的来源。因为我们公司有规定，哪一个生产环节出现失误就由哪个环节的负责人来负责，待我把那位失职的主管找出来，让他给你赔礼道歉。"

说完后，负责人一脸严肃地命令一位工程师：

"你马上去关闭所有的机器，虽然我们的生产流程中不应该有这种失误，但这位先生既然发现了，我们就有义务给顾客一个满意的答复。"

那位先生本来只是想用这个借口来诈骗一些钱，但他没有想到自己的话会引起如此严重的后果，顿时担心自己的花招会被拆穿，那样一来他就会被要求赔偿整个工厂因停工而造成的损失，他知道，即使他倾家荡产也赔不起。

于是他开始感到害怕，并且嗫嚅道：

"既然事情这么复杂，我想就算了，只是希望你们以后不要再发生类似的事情。"

就这样，他给自己找了一个理由想拔腿便走。

那名负责人叫住他，诚恳地对他说："感谢您的指教，为了表示我们的感激，以后您购买我们的食品均可享受八折优待。"

这位先生没想到会因此得到意外收获，从此他也成为这家公司的义务宣传员，让更多的人肯定这家公司产品的品质。

上述案例中，那位高明的工厂负责人不仅掌握了对方的心理，用"攻心"术揭穿对方的骗局，而且还反过来"绑架"那位顾客的想法，使他从此成为公司最有效的广告宣传员。他用的就是"顺水推舟"这个策略。

会议上，经常发生两派甚至三派互相争论的情况，有时候双方各执一词，争得面红耳赤，完全失去说话者应有的风度。

一些地方选举前的辩论演说，参加者本来都是修养甚佳的人，却因为各自的观点不同而争得不可开交，甚至到最后偏离主题而转为互相侮辱、唾骂，有时候还出现大打出手的混乱场面，变成为反对而反对。

事实上，在这种情况下，若你懂得适时运用"知难而退"或"顺水推舟"的说话策略，不仅可以掌控局面，还可以有很多意想不到的收获。

5. "反激得情"的激将法

苏洵在《谏论》中说："说之术可为谏法者五：理谕之、势禁之、利诱之、激怒之、隐讽之之谓也。"而其中所述的"激怒之"即为"反激得情"术，他举例说，韩惠王本欲投靠秦国，苏秦权衡利弊，并以"宁为鸡口，无为牛后"一语激怒之，于是韩惠王攘臂嗔目，按剑叹息，决意不依附秦国，而同意合纵。

《三国演义》中，诸葛亮用激将法企图引诱魏将司马懿从坚守的城池中出来应战，而司马懿却凭耐性抑制自己，锲而不舍，使足智多谋的诸葛亮败北。

众所周知，诸葛亮的谋略是超凡出众的，他对激将法的运用可说是得心应手。他在赤壁之战中就巧激周瑜，最终达到了动员吴主抗曹的目的。平定汉中时，孔明也曾两激黄忠，促使这位老将愈战愈勇，连胜敌军。诸葛亮六次出祁山，就是为了与吴军联合抗曹。当时，诸葛亮急于在西线打开缺口，与吴军形成东西对垒之势。而这时曹军则采用东攻西守的策略，作为曹军西线战场的主将司马懿，奉行坚守不出的战略。为了迫使魏军出战，诸葛亮决定再次采用激将法，以图激怒司马懿出战。

诸葛亮对司马懿的激将法是这样的，他先是多次令人到曹军阵前辱骂，但魏兵却采取"骂不还武"的办法，怎么也不出兵。诸葛亮在急于求战中想得一计："乃取巾帼妇人缟素之服，盛于大盒之内，修书一封，遣人送至魏塞。"司马懿对众启盒视之，内有巾帼妇人之衣，并有书信一封，信中写道："仲达既为大将，统领中原之众，不思披坚执锐，以决雌雄，乃甘窟守土巢，谨避刀箭，与妇人又何异哉！今遣人送巾帼素衣至，如不出战，可再拜而受之，倘耻心未泯，犹有男子胸襟。早与批回，依斯赴约。"司马懿看完信后，心中虽然大怒，却佯装笑脸说："孔明视我为妇人耶！"随即收下礼物，令重待来使，他毫不问及蜀军营中的军旅之事，却装出一副关心人的样子，向来者打听："孔明寝食及事之烦简若何？"当他听到来使说"丞相夙兴夜寐，罚二十以上皆亲览焉。所啖之食，日不过数升"时，便对诸将道："孔明食少事烦，其能久乎？"从而更据守不出，蜀魏双方在渭水一带相持了百余日。结果，诸葛亮"星陨五丈原"。蜀军不得不撤回汉中，又一次使司马懿防御成功。

在这次战争中，处于进攻地位的蜀军，利于速战；处于防御地位的魏军，利于持久坚守，从而寻找战机，反败为胜。在双方进行的对抗中，贯穿着双方指挥员的战略战术思想和个人的意志、毅力的较量。司马懿在受到蜀军的辱骂和诸葛亮的激将法时，没有大动肝火，也没有因此忘却自己战略战术的目标，显得十分冷静，最终以持久坚守制胜。

"反激得情"术在运用过程中，要针对对方自尊心强、性情暴躁等特点，故意挑逗、引诱、刺激对方，诱迫对方流露出真实的感情，以达到刺探对方真实意图的目的。

春秋时，楚成王不顾大臣们的反对，立商臣为太子。但之后不久，他便感到后悔，打算废黜商臣的太子之位，而改立小儿子公子职为太子。

商臣听到这个消息后，心里自然是又气又怕，可是，他又存有一丝侥幸。于是，商臣便去向他的老师潘崇请教，怎样才能证实这件事。潘崇给他出了个主意，说："你可以设酒宴去招待父王的妹妹江芈，但在酒席上，你故意表现出对她不尊重的样子，这样就可以知道父王是否准备废你了。"

商臣便按照老师的计策行事。在宴席上，他出言不逊，对国君的妹妹十分不礼貌，果不出所料，江芈大怒，大骂商臣道："你这个贱东西好没礼貌！难怪大王要废你重立太子了。"

商臣得到真相后，连忙与老师一起商量应急的措施。他们准备先下手为强，于是马上发动了宫廷政变，并逼迫楚成王自杀。政变成功后，商臣成了新的楚国国君，为楚穆王。

楚汉三年（公元前204年），燕王卢绾帮助梁王彭越攻下了梁地十余座城。项王听到这一消息后，便告诫据守在城皋一带的楚将曹咎、司马欣："二位要小心防守，就是汉军挑战，也不要轻易同他们战斗。"果然，刘邦依谋士郦食其之计，引军渡河向曹咎、司马欣挑战。刚开始，两位楚将还能遵照项羽的告诫，坚守不出。但最后他们终于经不起汉军的连日辱骂，一怒之下，率军出击。当楚军正在渡汜水时，汉军突然袭击，大破楚军，曹咎、司马欣均自刎于汜水之上。

如果有一个工作计划需要双方共同完成，而你又不知对方想采取什么样的工作态度，也可以通过这种刺激，让对方怒气冲冲地表明自己的态度。不过，要特别注意的是：让对方生气的目的是为了激出对方的真实意图，以此确定我方的说服对策。因此，一旦激怒对方之后，一定要想办法来缓和彼此僵硬的气氛，否则只会弄巧成拙，增加说服的困难，这是游说者不能不慎重考虑的。

一旦对方被激怒后表白了心意，我方就要马上改变态度，故作失礼地向对方道歉道："刚才，不知道阁下的真实想法，所以不知不觉地急躁起来，还说出一些令你生气的话来，真是对不起！请原谅。哎！我的修养实在太差劲了！"

俗话说："请将不如激将。"此言的确不差。因此，当你有某事需要他人帮忙时，千万不可用"你不想做"这样责备的口吻来强迫他，而必须以"你是因为能力差，不会做"这样的激将口吻来刺激他。因为前者并不能刺激对方的自尊心，而后者却往往可以击中他的要害，对方为了维护自尊心，常常不由自主地去做你所希望他做的，从而达到你游说的目的。

6. 惊心动魄的 "反间计"

《孙子兵法·用间篇》说："用间有五：有乡间，有内间，有反间，有死间，有生间。"《三十六计》特别重视反间计，是很有眼光的。的确，只有反间计最需要大智大慧，最惊心动魄。下面的例子很好地说明了这一点。

1971年，法国的一家化工厂即将研制成功一种新型的洗涤剂。这时，一个美国人在巴黎的一些报纸上登出了一则醒目的招聘广告：本公司将在欧洲开设分公司，拟招聘8名高级化学工程师，报酬优厚，应聘者从速。法国的许多化工专家为这则诱人的广告所动，纷纷前往报名。经查阅应聘者名单，这位美国人惊喜地发现，其中竟有8人参加了法国那家化工厂新型洗涤剂的研制工作。他以应聘者众多，需要一个一个认真面试为由，分别同他们会面。这些化工专家为了显示自己的才能和知识，以博得美国人的赏识，都把自己掌握的技术情报和盘托出。经过面试，这位美国人从他们的口中分别套出了新型洗涤剂的部分配方和制造方法，再加以集中分析，便轻而易举地获得了新型洗涤剂的配方和生产流程。面试过后，应试者天天盼望着那位美国人寄来一纸应聘文书，可他们做梦也不会想到，那位美国人早已偷偷地溜回了美国。

不久，这种新型洗涤剂便在美国面世，并打入了国际市场。

商战中的用间与反间，都充分利用了公众的某个心理，或以利诱惑，或打着情义的旗号，干着偷窃的勾当。翻开世界巧克力食品工业的历史，你就会看到，巧克力食品工业的发展史就是一个用间与反间的商战史。

巧克力糖几乎人人爱吃。据说，著名的法国皇帝拿破仑也对巧克力推崇备至。每次出征前，他总要随从的副官带上大包大包的巧克力，遇到身体疲乏或者用脑过度时，就往嘴里塞上几块。

制造巧克力的主要原料来自可可树，这种树在中美洲和墨西哥南部最多。将可可树的种子晒干、去皮、磨成粉，便取得了制造巧克力的原料。古时墨西哥的玛雅人把可可树称为生命之树，每出生一个孩子，他们便要栽种一棵可可树，以此祝福新生婴儿健康成长。他们认为，可可树果象征着人心，用它制成的食品是血液，能给人以旺盛的精力。

墨西哥人很早就掌握了制作巧克力的技术。印第安人最早吃的巧克力是用可可粉加上玉米、辣椒等搅和制成的一种糊状食物，带苦涩味，后来才加进糖和香草等调味料。14世纪时，巧克力只是由墨西哥独自拥有和经营，直属国家监管。当第一批西班牙殖民军到达墨西哥时，见当地人都津津有味地喝这种巧克力饮品，有人便尝了一口，刚喝进嘴里就又立即吐了出来，并大声喊叫道："这只能喂猪。"原来，当时的巧克力还没有加糖和香草。

1915年，西班牙骑士列戈以周游列国为名来到墨西哥。好客的墨西哥人见他风度翩翩，态度友好，就破例答应了他的要求，让他参观了巧克力的生产过程。墨西哥人怎么也不会想到，这个道貌岸然的"贵客"原来是一个产业间谍。他成了西班牙第一个窃取墨西哥巧克力生产技术的人。他在窃取了巧克力的生产技术后，便偷偷地溜回了西班牙国内。

从此，巧克力的生产就在西班牙开始了，并很快成为西班牙新兴的食品工业。许多西班牙人因生产巧克力而发了财，这引起了欧洲其他国家商人们的垂涎，他们纷纷前往，想在西班牙"取经"。无奈，西班牙人对巧克力生产的技术始终守口如瓶。就这样，西班牙的巧克力生产技术，又成了欧洲各国产业间谍的重要目标。

在这场间谍战中，意大利人捷足先登。1606年，他们用重金买通关节，窃取了西班牙巧克力的生产秘方，一举打破了西班牙对巧克力生产的垄断。英国的生产商也不甘寂寞，急起仿效，于1763年偷到生产配方，并大胆加以改进，生产出了奶油巧克力，使英国一跃而成为巧克力大亨。1800年，瑞士工业间谍又如法炮制，窃取到巧克力的生产技术，使自己变成了世界闻名的"巧克力王国"。同时，德国的厂商也偷到了巧克力的生产技术，并把巧克力制成糖出售，和瑞士等国展开了竞争。其后，日本也加入了这场巧克力间谍大战。由巧克力引起的这场间谍战和贸易战断断续续直到现在还没有休止。

1981年，瑞士超过了原联邦德国，向世界上100多个国家出售巧克力28万吨，成为世界上最大的巧克力出口国。在瑞士国内，每个人平均一年要消费巧克力10千克，居世界第一。为了保持巧克力生产和销售的霸主地位，瑞士吸取了前人的教训，以法律的形式明文规定，凡出卖经济情报（包括巧克力生产技术）就是泄露国家绝对机密，要以叛国罪论处。但是，尽管法律规定森严，由于金钱的诱惑，当间谍出卖情报的还是大有人在。20世纪80年代初，苏联不断向瑞士派遣产业间谍，想窃取瑞士的巧克力生产技术。1982年，瑞士警方通过长期调查，终于一举逮捕了一伙窃取巧克力生产机密的产业间谍，他们是瑞士一家著名巧克力食品厂的两名职员，当时正准备向苏联情报人员出卖40张巧克力配方。

当竞争双方势均力敌难解难分时，当一个弱者想与强者抗衡，企图小鱼吃大鱼时，当谈判双方陷入僵局毫无进展时，谁率先赢得第三者的协助，谁就更有把握获得取胜的机会。

美国十大巨人石油大王洛克菲勒创业之初，财力、物力、人力十分有限，他梦想垄断炼油和销售，可他自然不是亚利加尼德集团等其他石油公司的对手。洛克菲勒的合伙人佛拉格勒颇有心计，他建议道："原料产地的石油公司在需要的时候才用铁路，不需要的时候就置之不理，十分反复无常，使得铁路上经常没生意可做，一旦我们与铁路公司订下合约，每天固定运输多少油，他们一定会给我们打折扣。打折扣的秘密只有我们和铁路公司知道，这样的话别的公司只能在这场运价抗争中落荒而逃，整个石油产业界就成了我们的天下。"

洛克菲勒选择了铁路霸主之一——贪得无厌的凡德毕特为合作对象，最后双方达成协议：洛克菲勒以每天订60辆车的条件换取每桶让7分的利润。低廉的运费带来销售价的下降，进而使销路得到迅速拓宽发展。从此，洛克菲勒飞黄腾达，向世界最大的集团经营企业迈进。洛克菲勒身为弱者，如果和亚利加尼德集团正面竞争，必然弱肉强食，但他巧妙地借助第三者铁路霸主的力量，以低廉的运价占据运输的优势，挤垮同行的竞争，实现了小鱼吃大鱼、垄断石油经济的愿望。

假如在交易中，有中间人介绍，那么尽量争取他们的合作，这样必然能取得圆满的结局。

如有个公司所有人A先生经过银行介绍以200万美元的代价把他的公司卖给B先生。

A先生声称，他刚找到一家可以免税的企业，准备全力经营那家企业，只好忍痛割爱把现在的企业卖给B先生或其他的人。又对B先生说，经营这家公司极为有利，前景又是如何如何好……

B先生经过仔细调查，发现这家企业已摇摇欲坠，还向银行借了很多钱，如果公司卖不成，银行势必倒霉。所以B先生决定让银行做媒介给A先生施加压力。B先生对银行说："依目前情况，这家公司顶多值50万美元，但A先生不会接受这个价，所以你必须帮助我和他好好谈谈，否则公司破产，你也会跟着遭殃。"银行认为50万美元价格十分公平合理，于是从中撮合，最后生意谈成。一般来说，中间人希望谈判顺利进行，否则他得不到分文佣金。充分利用这点，可设法从他那里套取消息，让他替你打先锋，使他成为你的同盟。

要记住，这些人对整个交易举足轻重，该给他们的佣金绝对不要省。

7. 以退为进的"疏导法"

兵法中有一招是以退为进，作战如治水一样，须避开强敌的风头，就如疏导水流；对弱敌进攻其弱点，就如筑堤堵流。退是策略，进才是目的，这在营销活动中运用得很广。

某电气公司营销员何军，想去客户处推销一批新型发动机。谁知，才到一家公司，该公司的总工程师劈头就是一句："你还指望我们买你们的发动机？"

一了解，何军才知道，原来总工程师认为他们公司的发动机发热超标，因为发动机启动后非常烫手。何军不知道详情，就退让一步道："先生，我的意见和你相同，若发动机发热过高，别说买，还应该退货！""当然。"总工程师语气缓和多了。何军乘机问道："按标准，发动机的温度要比室内高出70℉，对吗？"总工程师答道："但你们的温度已经超出这个温度。"何军反问："车间温度是多少？"当听说也是70℉时，何军说道："这样算来，发动机的温度高达140℉，如果用手触摸势必会烫伤啊！"总工程师点头称是，何军立即补上："今后可不要用手去摸发动机了。放心！那是完全正常的。"结果，何军又做成了第二笔买卖。

营销员何军先让一步，同意对方的看法，然后从具体数字入手进行反击，一举成功。

以退为进，这是一种大智慧。在这方面如果运用得好，更能让营销人员受益匪浅。被誉为"日本绳索大王"的岛村宁次在几年前还是一个穷光蛋，他的成功也是依赖于他以退为进的"原价销售法"。其主要原则就是开始时吃亏，而后占大便宜。

首先，岛村宁次在麻绳产地将5角钱一条长45厘米的麻绳大量买进，后又照原价一条5角钱卖给东京一带的纸袋工厂。完全无利润甚至赔本的生意做了一年之后，"岛村宁次的绳索真便宜"让他名扬四方，订货单从各地像雪片般纷纷而来。于是，岛村又按部就班地采取了第二步行动，他拿着购物数据对订货客户说："到现在为止，我是1分钱也没有赚你们的，但长此下去，我只有破产这一条路了。"他的诚实感动了客户，客户心甘情愿地把货价提高到5角5分钱。

与此同时，他又对供货商说："你卖给我5角钱一条的麻绳，我是原价卖出的，照此才有了这么多的订货。这种无利而赔本的生意，我是不能再做下去了。"厂商看到他给客户开的收据发票，大吃一惊，他们头一次遇到这种甘愿不赚钱的生意人。厂商感动不已，于是一口答应以后每条绳索以4角5分钱的价格供应。

这样两头一交涉，一条绳索就赚了1角钱。根据岛村宁次当时一年的订货单，利润是相当可观。几年后，岛村宁次从一个穷光蛋摇身一变成为日本绳索大王。

经商的目的就是为了赚钱,其要旨则是用最短的时间赚到最多的钱。然而岛村却反其道而行之,以赔钱的"原价销售法"开始了他的绳索经营事业,从他的巨大成功来看,这一经营战略确实奏效。

秉承同样的理念,日本人松本清创造了"牺牲商法",他将当年售价为200日元的膏药以80日元的低价卖出。膏药卖得越多,亏损就越大,但整个药店的经营却有了很大起色。因为,买膏药的顾客大都还要买其他药品,而其他药品却是不让利的。松本清的做法使消费者对药店产生了一种信赖感,于是药店的生意越来越红火。

未赚先"赔",未盈先"亏",适当付出点代价,牺牲点利益,取得消费者的信任后,则经营效果会好得多。他们也想赚钱,但他们却先做赔钱的事情,这才是精明的博弈者。